Frank Goosen

THE BEATLES

KiWi MUSIKBIBLIOTHEK

Noch mehr Lesespaß mit der Playlist zum Buch:
www.kiwi-verlag.de/playlists

Für Robert
und Ludwig

TEIL 1

ACHT TAGE DIE WOCHE

BORN UNDER HUNDERT MANN

Kurz nach meiner Geburt hörten die Beatles auf, Konzerte zu geben. Der ursächliche Zusammenhang zwischen diesen beiden Ereignissen ist unter Historikern umstritten.

Nur fünfundzwanzig Tage nachdem meine Mutter mit mir niedergekommen war, traten sie noch im Rahmen der *Bravo Beatles Blitztournee* in der Essener Grugahalle auf, etwa 20 Kilometer von der Alleestraße in Bochum entfernt, wo ich die ersten einundzwanzig Jahre meines Lebens verbrachte. Während ich mir die Seele aus dem Leib brüllte, weil ich mehr Muttermilch wollte, schrie John Lennon in Essen vielleicht gerade *Twist and Shout* ins Mikro.

Näher bin ich ihnen räumlich nie gekommen.

Die Beatles trennten sich, als ich gerade mal vier Jahre alt war. Trotzdem wurde ich mit dreizehn ein leidenschaftlicher Fan. Wie konnte es dazu kommen? Nun, es wurde mir nicht gerade an der Wiege gesungen, wie man so sagt. Ich habe mal nachgeforscht, welche Musik die Deutschen gehört haben, als ich das Licht der Welt erblickte. In der Woche vor meiner Geburt war die Nummer eins der deutschen Charts (damals noch »Hitparade« genannt) *These Boots Are Made For Walking* von Nancy Sinatra. Es wäre sehr schön gewesen, zu dieser Nummer eins den ersten Schrei zu tun. Auch den Spitzenreiter der Woche nach meiner Geburt hätte ich mir noch gefallen lassen: *Sloop John B* von den Beach Boys. Doch am Tag meiner Geburt, und nur in dieser einen Woche, war der Spitzenreiter in Deutschland welche Nummer? *Hundert Mann und ein Befehl!* Von Freddy Quinn! Das nenne ich born under a bad sign. *Hundert Mann und ein Befehl / und ein Weg, den keiner will,* heißt es da. Genau, hinterher will es wieder niemand gewollt haben und keiner gewesen sein. Einundzwanzig Jahre nach Kriegsende kam man damit immer noch ganz nach vorne. Auch wenn es in der Nummer vorgeblich um die Fremdenlegion geht.

In meinem direkten Umfeld wurde so etwas durchaus gerne gehört. Meine Familie steckte knietief im deutschen Schlager. Zu meinen ersten (unfreiwilligen) Hörerlebnissen gehörte *Heißer Sand* von Mina, ein knallhartes Eifersuchtsdrama. Die Nina war dem Rocco schon im Wort, was der »schwarze Tino« aber nicht akzeptieren wollte, weshalb er den Rocco meuchelte und sich auf und davon machte, wahrscheinlich zur Fremdenlegion, denn die war ja ständig in heißem Sand unterwegs.

Meine Omma schwärmte für Karel Gott und sang für mich immer wieder *Einmal um die ganze Welt / Und die Taschen voller Geld, dass man keine Liebe und kein Glück versäumt / Viele fremde Länder sehen, auf dem Mond spazieren gehen.* Unser Mond hieß erst Holland, später Bregenz am Bodensee. Auch *Weißt du wohin*, die Schiwago-Melodie, ebenfalls in der Version von Karel Gott (»unser sympathischer Freund aus der Tschechoslowakei«, wie Dieter Thomas Heck ihn in der *Hitparade* nannte), gehörte zu Ommas Repertoire. Später schwärmte sie für Freddy Breck und seine *Roten Rosen*, und wenn es frivol sein durfte, dann war Volker Lechtenbrink angesagt mit *Hitch Hike Baby (Kleine Rasthaus-Lady)*.

1976 kam ich aufs *Gymnasium am Ostring,* und zwei Jahre später fing ich an, mich für Popmusik zu interessieren. Zuerst ging ich durch eine kurze Abba-Phase, induziert durch eine frühe Hormonverwirrung, da ich in Agnetha verknallt war. Aktuelle Musik, Chartfutter, war in unserer Klasse allerdings weitgehend verpönt. Die Musik der Sechziger und frühen Siebziger war allenthalben virulent, auf Partys wurde noch in den Achtzigern zu *Satisfaction* im Kreis getanzt. Es muss 1982 oder 83 gewesen sein, dass ich mit dem schönsten Mädchen der Stufe Klammerblues zu Bob Dylans *Joey* tanzte, und obwohl mir die Nummer elf Minuten und fünf Sekunden Zeit gab, gelang es mir nicht, ihr das gemeinsame Leben voller Liebe und Abenteuer, das sie an meiner Seite erwartete, auch nur ansatzweise zu skizzieren.

Neben Dylan und den Stones standen auch die Beatles hoch im Kurs. Wenn ich mich richtig erinnere, war es Jörg K., der mich auf den richtigen Weg brachte. Er hatte mir *Sergeant Pepper's Lonely Hearts Club Band* auf Kassette überspielt, und ich weiß noch, dass sie mich bei *Lucy in the Sky with Diamonds* schon hatten. Oder erst. Ist ja immerhin die dritte Nummer auf der Platte. Das klang wie nichts, das ich jemals gehört hatte. Das Intro – war das eine verfremdete Gitarre oder ein Spinett? Oder etwas ganz anderes? Dann diese Stimme, ein bisschen gequetscht, aber doch voll da, ein wenig nasal und doch so deutlich. Und dann der Text: *tangerine trees and marmelade skies, cellophane flowers of yellow and green, plasticine porters with looking-glass ties* – keine Ahnung, was das bedeuten sollte, aber allein der Klang der Wörter haute mich um. Das war sehr weit weg von den hundert Mann im heißen Sand.

»GIB MIR LIEBER EIN PAAR PLATTEN FÜR MEINEN JUNGEN!«

Dass ich den Beatles dann komplett und endgültig verfiel, hatte mit Schwarzarbeit zu tun. Mein Vater war Elektriker und betrieb eine kleine Ein-Mann Firma. Eines Abends galt es, im traditionsreichen Bochumer Fachhandel für Elektrogeräte und Unterhaltungselektronik *Radio Zerfass* ein paar Steckdosen zu montieren, und zwar in der Filiale im Gebäude des damaligen Bochumer Stadtbades, neben *Hut Müller*, dessen Chef früher Eiskunstläufer gewesen war. Der Blick meines Vaters muss über die Schallplatten, die dort ebenfalls angeboten wurden, gewandert sein, und er muss gedacht haben, dass sein Sohn zurzeit diese eine Kassette von den Beatles rauf und runter hörte, jedenfalls sagte er zu Herrn Zerfass: »Gib mir kein Geld, gib mir lieber ein paar Platten für meinen Jungen!« Ich weiß noch, wie er in seinem grauen Elektromeister-Kittel in mein orange-beige-braunes Siebziger-Jahre-*Jugendzimmer* kam, wo ich in einem braunen Sessel mit cordbezogenen Polstern und Füßen sowie Lehnen aus verchromtem Stahlrohr saß und mir erzählte, was er bei Zerfass gearbeitet hatte, und dann sagte: »Ich hab dem gesagt: Gib mir kein Geld, gib mir lieber ein paar Platten für meinen Jungen!«

Dann überreichte er mir das *Rote* und das *Blaue Album* sowie *Abbey Road.*

Mein Vater hat mir nur selten etwas mitgebracht. Abgesehen von den Beatles-Platten erinnere ich mich eigentlich nur an eine herrlich hässliche Seppelfigur mit grünem Hut, Goldkettchen, vorstehenden Zähnen und unentwegt nickendem Kopf, die er während einer Messe in München erstanden hatte, als er noch bei einer anderen Firma angestellt gewesen war, bevor er seine eigene gründete.

Beinahe übrigens hätte mein Vater auch noch das

Weiße Album mitgebracht, aber laut Herrn Zerfass war darauf das Gleiche wie auf dem *Roten* und dem *Blauen.*

Ich kommentiere das jetzt nicht.

Ich war von den Socken! Noch mehr allerdings, als ich mir die Platten genauer ansah. Das *Rote Album, The Beatles 1962–1966,* war ganz normal. Aber das blaue – bei dem waren die beiden Scheiben blau! Blaues Vinyl! So was hatte ich noch nie gesehen. Das sah unfassbar cool aus! Und *Abbey Road?* War eine Picture-Disc! Das obere Drittel wurde von der Mauer mit dem Straßenschild eingenommen, die unteren zwei Drittel von dem legendären Zebrastreifen-Covermotiv. Ich war völlig fertig. Diese Picture-Disc ist leider irgendwann in den letzten vierzig Jahren verloren gegangen oder geklaut worden, aber das *Rote* und das *Blaue Album* gehören zu den Dingen, die ich heute noch als Erstes aus unserem Haus schaffen würde, wenn es brennt. Nach der Familie. Obwohl – die können ja mittlerweile alle selber laufen.

Als Plattenspieler stand mir zunächst nur der mittlerweile sagenumwobene *Mister Hit* von Telefunken zur Verfügung, mit rotem Sockel, der schmale Lautsprecher rechts im transparenten Deckel. Ich ging chronologisch vor, arbeitete mich also von Rot nach Blau. *Love Me Do* kam recht simpel daher, aber ein bisschen was blitzte schon auf, zum Beispiel, wenn John Lennon dieses leicht verschleifte *love me do* nach dem lang gezogenen *Plea-he-he-hease sang,* wobei das *v* kaum zu hören ist, also mehr so: »*Lamme do*«. Kann man nicht schreiben, muss man hören.

Der zweite Song, *Please Please Me,* ging einen Schritt weiter. Ich dachte nur: Fehlt da zwischen dem ersten und dem zweiten *please* nicht ein Komma? Andererseits, was sollte das heißen: bitte, bitte – mich? Nein, bitte bitte mich! Ein Mensch forderte den anderen auf, ihn um etwas zu bitten. Liebe wahrscheinlich. *Please please me, oh yeah, I got please you,* verstand ich. Bitte bitte mich (um Liebe), ich habe dich auch gebeten. Da ich mit Latein im fünften Schuljahr, der Sexta, wie sie auf unserer altsprachlichen Lehranstalt noch hieß, angefangen und Englisch erst im Schuljahr 78/79, in der Quarta, dazubekommen hatte, war ich noch nicht so sattelfest. Hatte aber schon mal meinen ersten Beatles-Text begriffen. Glaubte ich damals. Und war stolz.

From Me To You begann mit einem etwas kindlichen Dada-da-dada-damm-damm-da und wirkte wieder etwas einfacher, hielt aber auf der Textebene die eine oder andere Herausforderung für mich bereit. *I got arms that long to hold you,* hieß es da. Ich habe Arme, so lang, dich zu halten. Bedeutete wahrscheinlich, dass die Arme des Sängers lang genug waren, sein Mädchen festzuhalten. Klang logisch. Dann aber hieß es: *I got lips that long to kiss you.* Seine Lippen waren lang genug, sie zu küssen?

Ich musste in Englisch dringend besser werden.

Darüber konnte ich erst mal nicht länger nachdenken, denn plötzlich wurde ich von *She Loves You* förmlich aus dem Schneidersitz vor dem Plastikdeckel gehauen. Die Drums am Anfang, dann gleich der Refrain und dieses aufreizende, mitreißende *Yeah, Yeah, Yeah.* Gleich beim ersten Mal gefiel mir die Stelle *with a love like that* am besten: with a Bamm-Bamm-Bamm!

Ich hörte mich durch das *Rote Album* und ging zum *Blauen* über. Durch das blaue Vinyl konnte ich durchgucken, erkannte jedenfalls den Schatten meiner Hand, wenn ich sie dahinterhielt. Und wie sich diese blaue Scheibe dann auf dem Plattenteller drehte!

Am ersten Abend, an dem ich die Platten bekommen hatte, machte ich also einen Parforceritt durch die ganze Geschichte der Beatles.

Jochen Schimmang schreibt in seinem wunderbaren Text *Gummiseele* in der Anthologie *We'd love to turn you on,* er könne sich nie verkneifen, wenn er von jüngeren Menschen auf die Beatles angesprochen werde, zu betonen, dass er diese Musik im Original erlebt habe, also dass sie ursprünglich für Leute wie ihn gemacht worden sei. Und weiter: »Es hat einige Zeit gedauert, aber inzwischen habe ich längst begriffen, welch unfassbares Glück es bis heute bedeutet, in den Sechziger Jahren jung gewesen zu sein. Ganz ohne eigenes Verdienst, nur durch die Gnade der passgenauen Geburt.«

Ja, es war die Generation der Schimmangs und Modicks und Ohnemus' und Heidenreichs (die alle über die Beatles geschrieben haben) und vieler anderer, für die die Musik ursprünglich gemacht war, weil es Popmusik ist, die in erster Linie für den Moment da ist und sich erst im Nachhinein als zeitlos erweist – oder eben nicht. Der größte Unterschied zwischen den Zeitgenossen und uns Nachgeborenen ist aber, dass jene diese Musik als Soundtrack einer sich schrittweise vollziehenden Veränderung, ja Umwälzung der populären Kultur erlebten. Sie fieberten jeder neuen Platte entgegen, sei es von den Beatles, den Stones oder von Dylan oder anderen, gingen mit diesen Songs durch ihre Jugend und Adoleszenz, entwickelten sich genauso weiter, wie die Musik es tat. Schimmang war fünfzehn, als die Beatles mit der ungestümen Naivität von *She Loves You* durch den deutschen Mief fegten, neunzehn, als sie mit *Strawberry Fields,* dem *Walrus* und *Sergeant Pepper* in einer anderen Zeitrechnung angekommen waren, und zweiundzwanzig, als sie sich trennten. Und auch, wenn anfangs zwei LPs pro Jahr erschienen, dazwischen noch Singles, EPs und Filme, musste man doch immer eine gewisse Zeit warten, bis man mit neuem Material versorgt wurde. Klaus Modick formuliert es in seinem nicht minder wunderbaren Text in derselben Anthologie so: »Wenn damals eine neue Beatles-Platte angekündigt wurde, wartete ich darauf wie auf eine Offenbarung, wie auf ein allerneuestes Testament.«

Bei mir war das anders. Vor mir, dem Nachgeborenen, lag die gesamte Geschichte der Beatles schon in Gänze ausgebreitet. Der Mythos wurde gleich mitgeliefert, musste sich nicht erst bilden, nicht erst erschlossen werden. Für mich ging es vom ersten Song auf dem *Roten Album, Love Me Do,* bis zum letzten auf dem Blauen, *The Long and Winding Road,* in zweieinhalb Stunden. Schon während dieser zweieinhalb Stunden war allerdings klar: Ich hatte jetzt ein Projekt. Es war nun meine heilige Pflicht, mich in das Gesamtwerk dieser vier Typen aus Liverpool zu versenken.

Das *Blaue* und das *Rote Album* blieben erst mal die Basis für die Reise ins Beatles-Land. Zu den Kulturtechniken, die im Streamingzeitalter verloren gehen, gehört die Beschäftigung mit dem haptischen Aspekt des Tonträgers. Das Gewicht der schwarzen (oder blauen) Scheibe, die Qualität des Labeldrucks, das Reinigen der Platte, vor allem aber die Begutachtung des Covers während des Hörens. Stundenlang saß ich da und studierte jedes Detail.

Auf dem *Roten Album* standen sie auf der Vorderseite auf einem Balkon und blickten nach unten in Richtung des Betrachters, also in meine Richtung. Auf dem Foto ganz links stand Ringo, dem man noch nicht den Pilzkopf verpasst hatte, er trug noch Tolle und Scheitel. Seinen rechten Arm hatte er auf die Balkonbrüstung gelegt, die eine Hand auf der anderen, am Handgelenk ein Goldkettchen, am kleinen Finger einer der Ringe, denen er seinen Spitznamen verdankte.

Der Zweite von links war Paul McCartney, ganz leicht zurückgesetzt. Von ihm sah man nur das erstaunlich jung wirkende Gesicht und seinen Ellenbogen und Oberarm auf der Brüstung. Neben ihm George Harrison, von dem wieder etwas mehr zu sehen war. Ein wenig nach rechts eingedreht (von ihm ausgesehen), stützte auch er seinen Arm auf. Von John Lennon war am meisten zu erkennen. Beide Schultern, beide Hände. Alle vier lachten und trugen braune Anzüge mit offenbar rosafarbenen Hemden und dunklen Krawatten.

Klappte ich das Album auf, sah ich ein doppelseitiges, lang gestrecktes Schwarz-Weiß-Foto mit einem leichten Rotstich, das einen Jungen in einem Strickpullover mit Rautenmuster vor einem Metallzaun zeigte, hinter dem eine Reihe anderer Leute stand, Kinder und Erwachsene, und mittendrin die Beatles, um einiges älter als auf dem Bild vorne. Links unten hatte sich Ringo neben einen kleinen Jungen gehockt. Paul stand in zweiter Reihe, ein paar Meter rechts von ihm John mit Nickelbrille, der genau zwischen zwei Zaunspießen hindurchschaute, dabei aber eher gleichgültig und desinteressiert wirkte. Auch Ringo und Paul schienen nirgendwo so richtig hinzuschauen. Nur George, der rechts stand und ein T-Shirt mit einer aufgedruckten Krawatte trug, das

Kinn leicht angehoben, schien irgendetwas genau zu betrachten.

Stell dir vor, dachte ich, du selber wärst der kleine Junge da vorne und jetzt für ewig mit den Beatles auf diesem Foto vereint.

Hintendrauf waren sie auf demselben Balkon abgebildet, in ungefähr den gleichen Posen, aber mit sehr viel längeren Haaren. Ringo und George hatten sich Schnauzbärte stehen lassen, John einen Vollbart, nur Paul war glatt rasiert, dafür im Gesicht ein bisschen fülliger.

Beim *Blauen Album* war es umgekehrt: das Foto mit den alten Beatles vorne, das mit den jungen hinten. Außerdem war schräg in die linke obere Ecke gedruckt: »Neu – Limitierte Sonderauflage blaue LP's«. Herrje, es gab damals schon den Deppen-Apostroph! Innendrin das gleiche Foto wie im *Roten Album*, nur mit einem leichten Blaustich.

Während ich so dasaß und mich durch die beiden Doppel-Alben hörte, studierte ich sogar die eigentlichen Plattenhüllen, auf denen Werbung für allerlei Dinge gemacht wurde, die man angeblich als Musikfreak brauchte. STUDIOFORM stand oben drüber. DAS ZUBEHÖR DER PROFIS. PERFEKT IN FORM

UND FUNKTION. Was man nicht alles brauchte, wenn man ein Profi sein wollte: die Reinigungsbürste, das Anti-Static-Tuch, die Static-Stop-Plattenunterlage, den Single-Puck (»für schonende Behandlung aller Singles«), den Single-LP-Greifer (»für schonende Ablage und Aufnahme«), das LP-Center (»für optimale und sachgerechte Aufbewahrung«), für Musikkassetten das MC-Center (»für optimale und ...«) und die »geblisterte« Reinigungs-MC, die »gründliche und schonende Reinigung der Tonköpfe« garantierte. Auf der Rückseite wurden einem das LP- und das MC-Center noch mal besonders ans Herz gelegt, »empfohlen von HÖRZU«. Ich fühlte mich unter Druck gesetzt. Einstweilen aber konnten meine wenigen Platten noch auf dem Boden stehen, an die Wand neben dem Sofa in meinem »Jugendzimmer« gelehnt.

Dann legte ich die Picture-Disc von *Abbey Road* auf. Mann, sah das merkwürdig und cool aus, wie sich die vier über den Zebrastreifen laufenden Beatles im Kreis drehten! Sie liefen und liefen und konnte mir doch nicht entkommen!

Irgendwann sagte mein Vater: »Hätte ich gewusst, was ich damit auslöse ...«

»Was dann?«

»Dann hätte ich dir noch mehr Platten mitgebracht.«

FREISCHWIMMER

Das alles trug sich zu im Jahre des Herrn 1979. Der Zustand mit dem alten Mister-Hit-Plattenspieler war natürlich unhaltbar, wenn man die klangliche Finesse vor allem der späten Beatles-Alben wirklich würdigen wollte. Zum Glück wurde ich am 27. April 1980 konfirmiert, und dank eines Urgroßvaters und zweier Großmütter konnte ich mir danach einen halbwegs ordentlichen Plattenspieler zulegen. Da ich allerdings nie ein Hi-Fi-Gourmet war, außerdem leidenschaftlich gern Mixtapes aufnahm und Platten von Schulfreund*innen überspielte, entschied ich mich für eine Kompaktanlage der Marke Schneider. Keine drei Wochen später erschien mit *McCartney II* die erste LP eines Beatle, die ich als Zeitgenosse erlebte. George Harrisons *George Harrison* kam zwar bereits Anfang 1979 heraus, war aber an mir erst mal vorbeigegangen – ein weiterer Beleg dafür, dass meine endgültige Beatles-Initiation durch die Schwarzarbeit meines

Vaters erst im Laufe des Jahres 1980 stattgefunden haben kann.

Ende Mai ließ ich mir *McCartney II* zum Geburtstag schenken. Aktuelle Musik eines Beatle, ganz frisch, praktisch zu meinem Geburtstag auf den Markt geworfen – ich war fasziniert. Vielleicht ist diese Platte dafür verantwortlich, dass ich das Klischee von Lennon als dem zynischen Genie und McCartney als dem netten, süßlichen, allzu kommerziellen Schmeichler nie so richtig mitgemacht habe. Zwar zeigt er auf dem körnigen Porträtfoto auf dem Cover seinen patentierten Paulchen-Blick, die Augen im kalkulierten Staune-Modus, die Lippen geöffnet und leicht gespitzt, als sei er gerade mit der Hand im Marmeladentopf erwischt worden, doch sprachen die Songs eine ganz andere Sprache. Die waren kein süßes Gedudel, sondern bisweilen recht experimentelle, aber immer noch eingängige Popsongs. Auch kamen ausgiebig Synthesizer zum Einsatz, was ich eigentlich nicht ausstehen konnte, hier aber wunderbar funktionierte. Und Paule hatte alles ganz alleine aufgenommen, alle Instrumente selbst gespielt. Und zwar zu Hause. *This Album was recorded at home*, war auf der Innenhülle zu lesen. Auf der LP-Hülle sieht man ihn von hinten vor einer Studer Track 16 Tape Machine, in schlabberigen grauen Hosen, während ein kleines Kind an seinem nicht minder schlabberigen weißen T-Shirt zieht. Übrigens kann man der Innenhülle noch entnehmen, wo meine Mutter, die bei uns für die Beschaffung von Präsenten zuständig war, die Platte gekauft hatte. Sicherheitshalber hatte sie das Ding versiegeln lassen, weshalb man oben links noch einen eingedunkelten Tesa-Streifen sieht und den Stempel *Die Schallplatte 4630 Bochum Hans-Böckler-Straße (Hausnummer unleserlich).* Ist für Jüngere und Auswärtige völlig uninteressant, für mich aber ein Gruß aus einer versunkenen Welt.

Ich fing an, alles an Wissen über die Beatles in mich hineinzuschaufeln, was ich irgendwie kriegen konnte. Verglichen mit heute war das nicht eben viel. Ich las die Biografie von Hunter S. Davies, die allerdings schon 1968 erschienen war und deshalb nicht vollständig sein konnte. Manchmal muss etwas in der BRAVO gestanden haben, vielleicht auch in der WAZ, eventuell kam auch mal ein Mitschüler oder eine Mitschülerin mit einem Artikel aus der elterlichen FAZ oder der ZEIT in die Schule und reichte das Ding herum. Zur Hauptquelle wurde allerdings für mich *Die Beatles – Eine illustrierte Dokumentation,* ein Buch im LP-Format, mit den vier Fotos des *Let-it-be-*Covers vornedrauf. Die Autoren hießen Roy Carr und Tony Tyler. Das war zwar auch schon 1975 erschienen, deckte aber immerhin die komplette Bandgeschichte bis zur Trennung ab.

Allerdings beginnt das Buch mit einem Fehler: »Als John Lennon Paul McCartney zum ersten Mal traf, waren beide vierzehn.« Das stimmt natürlich nicht. Zum ersten Mal trafen sie sich auf einem Gemeindefest im Liverpooler Stadtteil Woolton am 6. Juli 1957, mithin war der am 9. Oktober 1940 geborene John Lennon fast schon siebzehn und Paul McCartney gerade, am 18. Juni, fünfzehn geworden.

Dennoch, das Buch führte mich durch die Geschichte der Beatles. Alle waren in Liverpool geboren, einer Industrie- und Hafenstadt im Norden Englands, und kamen aus einfachen Verhältnissen, Ringo sogar eher aus ziemlich ärmlichen, im Buch heißt es, er stamme aus einem »Slum«. Es gab Kinderfotos, auf denen vor allem George schon sehr gut zu erkennen war. Außerdem war ein *Swimming Certificate* abgedruckt, das der nicht ganz zehnjährige John 1950 für die Strecke von 25 Yards verliehen bekommen hatte.

Da hatte ich im gleichen Alter schon mehr vorzuweisen gehabt, das *Freischwimmer*-Abzeichen nämlich. Für das hatte ich fünfzehn Minuten den Kopf über Wasser halten und vom Ein-Meter-Brett springen müssen.

Nach ersten kleineren Erfolgen in ihrer Heimatstadt folgte die Phase der unterschiedlichen Aufenthalte in Hamburg, wo sie auch von einer Frau namens Astrid Kirchherr den Pilzkopf verpasst bekamen. Zwar raunten Carr und Tyler, »eigenartigerweise« sei zur selben Zeit ein ähnlicher, abfällig als »Julius Cäsar« bezeichneter Schnitt am Liverpool College of Art, an dem John Lennon studiert hatte, aufgekommen, aber für mich war klar, dass dieses Erkennungszeichen, wie so vieles andere, das die Beatles zu den Beatles machte, in Deutschland, nur ein paar Hundert Kilometer von meiner Heimatstadt, entstanden war.

In Hamburg trugen sie schwarzes Leder und sahen unfassbar cool aus. Vor allem dieser Stuart Sutcliffe, ein Freund Lennons von der Liverpooler Kunsthochschule. Er spielte Bass, obwohl er das nicht besonders gut konnte, weshalb er nicht selten mit dem Rücken zum Publikum auf der Bühne stand. Von ihm gibt es ein faszinierendes doppelt belichtetes Foto, wie er irgendwo in Hamburg in einem Hauseingang steht. Auf der gegenüberliegenden Seite im Buch eines der Fotos, das Astrid Kirchherr auf dem Heiligengeistfeld aufgenommen hatte: George und John mit ihren Gitarren auf den Kotflügeln eines Traktors, dem Betrachter zugewandt, mit dem Blick von halbstarken Schwererziehbaren. In der Mitte vor ihnen steht im Profil Stuart Sutcliffe, seinen halbakustischen Bass unterm Arm, Sonnenbrille vor den Augen. Sutcliffe blieb nach dem zweiten Engagement in Hamburg und starb nicht mal ein Jahr später, 1962, an einer Gehirnblutung. Wäre er dabeigeblieben, hätte sich später die Frage nach dem am besten aussehenden Beatle nie gestellt.

Das Buch von Carr und Tyler führte mich durch die ganze Geschichte der Gruppe, listete die Single- und LP-Veröffentlichungen chronologisch auf, versehen mit Anmerkungen zu den Aufnahmesessions. Die LP-Cover gab es fast in Originalgröße seitenfüllend. Zwischendrin Film- und Konzertplakate sowie einige Kuriositäten, wie etwa die Abbildung einer Karte, auf die ein Quadratzentimeter eines Handtuchs geklebt war, das die Beatles nach ihrem Auftritt im Hollywood Bowl 1964 benutzt hatten.

Carr und Tyler beließen es aber nicht bei der reinen Aufzählung, sondern gaben auch knallharte Urteile ab, was mich bisweilen irritierte, da ich noch in der Phase war, in der ich jeden einzelnen Ton super fand. Wobei – einige Songs fand ich natürlich noch superer als andere. *I Feel Fine* hatte es mir besonders angetan, auch *I'm a Loser* auf *Beatles for Sale,* auf dem Lennon mit der Stimme sehr weit runterging, sodass sie stärker an seine Sprechstimme erinnerte. Und wenn ich einen Beatle sprechen hörte, kam es mir vor, als sei er mir noch näher.

I DON'T BELIEVE IN BEATLES

Vielleicht lag es an dieser Stimme, dass nicht der Mann mein Lieblingsbeatle wurde, der rechtzeitig zu meinem Geburtstag eine für einen weltberühmten arrivierten Musiker relativ mutige Platte herausgebracht hatte. Noch wahrscheinlicher aber ist, dass es die Radikalität war, mit der sich John Lennon entwickelt hatte, die mich viel mehr faszinierte.

Er machte die ungewöhnlichsten Songs, die rätselhaftesten Texte. Die *Tangerine Trees* und *Marmelade Skies* hatten es mir ja als Erstes angetan. Dann kam so etwas wie *Mr City p'liceman sitting, pretty little p'liceman in a row* dazu oder: *He wear no shoeshine, he got toe jam football, he got monkey finger, he shoot Coca-Cola.* Es lag nicht an meinen (sich zum Glück bald stark verbessernden) Englischkenntnissen, dass ich nicht begriff, worum es da ging. Das Tolle war: Ich musste es auch nicht begreifen. Beim Pop ging es um eine andere Art des Verstehens als in der Schule. Manchmal reichte es, wenn es sich toll anhörte. Nicht: Was wollte der Dichter uns damit sagen?, ist die entscheidende Frage, sondern, um es mal im Sozialarbeiterslang der späten Siebziger auszudrücken: Was macht das mit dir? Vielleicht bedeutete es etwas, vielleicht nicht. Aber es riss mich mit. Und das bedeutete *mir* etwas.

Auch wenn nicht alles meine Tasse Tee war, was John Lennons Kreativität so hervorbrachte. Zum Beispiel das, freundlich formuliert, avantgardistische Album, das er in einer Nacht mit Yoko Ono aufnahm: *Unfinished Music No. 1 – Two Virgins,* erschienen im November 1968, also noch zu Beatles-Zeiten. Vogelgezwitscher sollte dadrauf sein, Blähungen in Stereo, Gekreische, zu langsam abgespielte Bänder und Ähnliches. Dazu hatten beide sich mit Selbstauslöser nackt für das Cover fotografiert. Hören konnte man das nirgendwo, nur bei Carr und Tyler drüber lesen. Ich wäre auch nicht scharf drauf gewesen, mich dem wirklich auszusetzen, aber ich bewunderte Lennon dafür, dass er sich das traute. Der ging nicht auf Nummer sicher, der folgte seinem ganz eigenen Weg.

Dann gab es da diese Bed-ins für den Frieden, die erste »richtige« Solo-Platte *Plastic Ono Band,* auf der er seine schwere Kindheit verarbeitete. Auch wenn er auf dem Album, unter dem Einfluss der Primal-Scream-Therapie nach Arthur Janov, ziemlich viel herumschrie, packte mich das Ding im Innersten. Wozu nicht zuletzt dieser Badezimmer-Sound von Phil Spector (der eigentlich für die *Wall of Sound* bekannt war) beitrug, durch den man den Eindruck hatte, man sitze mit Lennon und der Band im selben Zimmer.

Es war diese brutale Offenheit, die fast peinliche Intimität, die sehr gut in die Zeit passte. Seelenstriptease war en vogue. Ständig musste man reden. Über sein Inneres. Über seine Gefühle. Es war so ähnlich wie bei dem von mir oben etwas abschätzig zitierten »Sozialarbeiterslang«: Sätze wie »Du, also, ich finde das irgendwie nicht so gut« oder »Was macht das jetzt mit dir, so als Mensch?« waren noch nicht Comedy. Bei Abschwächungen wie »ein Stück weit« rannte noch niemand schreiend aus dem Raum.

Mit Gefühlen konnte ich dienen. Mein Innerstes glich einem Alexandra-Song. *Grau zieht der Nebel durch die menschenleere Stadt,* so in der Art. Die russische Taiga war ein überfülltes Schwimmbad an einem strahlenden Sommertag gegen die tragische Leere in meiner Seele, weil die Claudias und Michaelas und Susannes um mich herum einfach nicht erkennen wollten, was ihnen entging, wenn sie mich verschmähten. Na gut, ich hätte ihnen mal was sagen können, aber es stand mir doch alles auf der Stirn geschrieben, ihr ignoranten … Egal jetzt.

Womit ich nicht dienen konnte, war ein Generationenkonflikt. Es gab keinen Grund, »Mama don't go, Daddy come home« zu schreien, meine Eltern waren da und gingen nicht weg, sie gaben mir zu essen und anzuziehen, ich bekam keine »Senge«, und wir verstanden uns ziemlich gut. Klar kam es dann und wann zu den typischen Scharmützeln, in die auch der Liverpooler Teil meiner Familie hineingezogen wurde. Da meine Eltern noch ziemlich jung waren – Jahrgang 45, um genau zu sein –, bekam ich von ihnen nichts in Richtung Hottentotten- oder Negermusik zu hören, und eine lange Matte auf dem Kopf wäre auch kein Problem gewesen, wenn ich dazu geneigt hätte, was eher nicht der Fall war, da ich etwa mit zwölf Jahren nach dem Baden schon die ersten Kopfhaare im Ausguss gefunden hatte. Aber nicht nur ein Mal bekam ich zu hören: »Wenn du mal deine Lateinvokabeln so im Kopf hättest wie deine Beatles-Texte!« Aber wie sollte mir Latein im späteren Leben weiterhelfen? Konnte man damit etwa Geld verdienen? Ich meine, schreibe ich hier gerade ein Fanbuch über Kaiser Augustus? Na also!

Einmal kam meine Mutter in mein Zimmer, als ich gerade die zweite Seite von *Beatles for Sale* aufgelegt hatte. Sie sammelte Schmutzwäsche vom Boden auf und fragte: »Was singen die da eigentlich?«

»Das ist *Eight Days a Week.* Auf Deutsch ›acht Tage die Woche‹. Das ist toll, weil die Woche nur sieben Tage hat.«

»Ja, ja«, gab meine Mutter zurück. »Und acht Tage die Woche muss ich hinter dir herräumen.«

Damals war ich sauer, aber heute muss ich zugeben, dass sie natürlich recht hatte. Acht Tage die Woche hatte ich nur noch Beatles im Kopf. Und Mädchen. Tatsächlich war ich ein sehr unordentliches Kind. Andererseits: Mit den ordentlichen Kindern wollte auf dem Schulhof eigentlich niemand etwas zu tun haben.

Die Auseinandersetzungen mit meinen Eltern blieben also absolut im handelsüblichen Rahmen. Wahrscheinlich bin ich deshalb bei den Beatles gelandet und nicht bei den Stones oder The Who. Ich musste keinen übermäßigen Leidensdruck in Bezug auf meine Erzeuger bewältigen. Und überhaupt: Wie konnte man auf der Bühne Gitarren zerkloppen! Ich wäre froh gewesen, wenn ich mir nur eine von den Dingern hätte leisten können, die Pete Townshend da jeden Abend zu Kaminholz zerlegte.

Plastic Ono Band, die Platte, hörte ich vor allem über Kopfhörer, weil ich mit Songs wie *Look at Me* alleine sein und über das Geschrei in *Mother, I Found Out* oder *Well Well Well* nicht mit meinen Eltern diskutieren wollte, so tolerant sie auch waren.

Vor allem ein Song wie *God* rannte bei mir als sich kritisch gebendem Heranwachsenden offene Türen ein. Dass Gott nur ein Konzept sei, mit dem wir unseren Schmerz messen, da wäre ich gerne selbst drauf gekommen. Und woran John Lennon alles nicht glaubte: an Magie – ich auch nicht, ich glaubte an Physik, obwohl ich da Fünf stand. Er glaubte auch nicht an I-Ging. Ich wusste nicht mal, was das war. Nicht an die Bibel und an Jesus. Hm, dachte ich. Bei Gott, Jesus und der Bibel sollte man vielleicht auf Nummer sicher gehen, von wegen Leben nach dem Tod und dem Jüngsten Gericht. John Lennon glaubte auch nicht an Hitler, Kennedy, Buddha, Mantra, Gita und Yoga. Okay, kein Problem. Aber auch nicht an Elvis? Mit dem alles angefangen hatte? Nicht an Zimmerman, also Dylan, der Lennon dazu gebracht hatte, ordentliche Texte zu schreiben?

Vor allem aber glaubte er nicht an die Beatles. Das machte mich fertig. Wie konnte man nicht an die Beatles glauben? An das Walross, den Narr auf dem Hügel und daran, dass Erdbeerfelder für immer sind?

Ein bisschen machte er mir Angst, dieser John Lennon, aber natürlich bewunderte ich ihn auch dafür. So wie man wahrscheinlich einen großen Bruder bewundert, der den Eltern freche Widerworte gibt. So genau konnte ich das nicht wissen, denn ich war Einzelkind. Obwohl, so richtig eigentlich nicht mehr. Ein bisschen fühlte es sich so an, als hätte ich jetzt tatsächlich einen großen Bruder, der nur schon lange ausgezogen war. Und drei Cousins, die ab und zu Karten in Form von Platten schrieben.

Der große Bruder mochte nicht an die Beatles glauben. Ich schon.

EIN GELBES UNTERSEEBOOT IN EINEM MEER AUS GRÜN

Während ich so alles aufsaugte, was ich über John, Paul, George und Ringo auftreiben konnte, fiel mir auf: Die Beatles markierten auch den Übergang von der Schwarz-Weiß- zur Farbwahrnehmung der Vergangenheit. Alles, was weit zurücklag, war eigentlich in Schwarz-Weiß und bekam damit eine gewisse Einheitlichkeit, egal ob es um Elvis, Adenauer, den Zweiten Weltkrieg, Friedrich Ebert oder Kaiser Wilhelm ging. Auch die ersten Beatles-Aufnahmen waren farblos, die vier trugen schwarzes Leder oder graue Anzüge (mit schlimmen kragenlosen Sakkos!): Ja, gut, das Cover von *Please Please Me* war farbig, mit gelber, roter und blauer Schrift, aber schon bei *With the Beatles* und *A Hard Day's Night* war es wieder weniger bunt. Ich war ganz stolz auf meine tiefschürfende Erkenntnis und trug sie auch gleich in einer großen

Pause einem Expertenkreis auf dem Schulhof vor, wurde aber von einem gewissen Michael, der in Sachen Beatles die Meinungsführerschaft beanspruchte, zurechtgewiesen:

»Auf dem Cover von *A Hard Day's Night* sind die Bilder rot umrandet, jedenfalls auf meinem Exemplar!«

»Ja, auf meinem auch, aber die Fotos selber sind schwarz-weiß.«

»Auf *Beatles for Sale* ist ein Farbfoto, Frank!«

»Ja, aber sie gucken ganz traurig und farblos! Weil sie vom Touren und all den Interviews so erschöpft waren. Und als Nächstes kam *Help!,* da ist der Titel in Hellblau, aber die Beatles tragen dunkelblaue Klamotten, das ist nicht so richtig farbenfroh. *Help,* das war ja auch ernst gemeint, ein Hilfeschrei von John Lennon, und die Fotos hintendrauf sind auch wieder schwarz-weiß. Und dann *Revolver,* da ist nun wieder überhaupt keine Farbe drin in dieser Collage von Klaus Voormann. Aber danach *Sergeant Pepper's:* Bäm – die reinste Farbexplosion! Und *Magical Mystery Tour!* Wieder Bäm! Sogar mit Sternchen.«

»Und dann Bäm, das *Weiße Album!*«, entgegnete Michael mit tumbem Sarkasmus.

»Ja, aber auf dem Poster innen drin trägt Ringo

dieses gelbe Rüschenhemd unter einer knallblauen Jacke! Und auf *Abbey Road* und *Let It Be* sind auch die Fotos in Farbe. Mitte der Sechziger hat sich einfach was verändert, Freunde, die Welt wurde bunter!«

»Und zwar nur durch die Beatles, oder was?«, schaltete sich ein Mitschüler ein, der sich AC/DC verschrieben hatte und streng genommen gar nicht bei uns hätte stehen dürfen.

»Durch wen denn sonst?«, gab ich zurück. »Ein paar Wochen nachdem *Sergeant Pepper's* rausgekommen war, wurde in der BRD das Farbfernsehen eingeführt!«

Den Hang zu gewagten Bezügen hatte ich damals schon.

Ich ließ mich nicht davon abbringen: Die Beatles, und zwar die Beatles ganz allein, hatten die Farbe in unsere Welt gebracht. Der Übergang ließ sich auch in den Texten nachweisen. Am Anfang dominierten Blau und Rot. Klar, Blue kommt ständig vor, weil es im Englischen auch traurig bedeutet (während es im Deutschen ein Synonym für besoffen ist – auch nicht uninteressant). Und Red, weil es die Farbe der Liebe ist und Mädchen manchmal rote Kleider tragen, welche die Jungs dann traurig machen, wie in *Yes It Is:*

Wenn du heute Rot trägst, dann musst du wissen, dass mich das an meine Ex erinnert. Und in *Baby's in Black* auf *Beatles for Sale* ist die Situation umgekehrt: Das Mädchen trägt Schwarz, weil sie noch um ihren Verflossenen trauert.

»So«, machte ich damals auf dem Schulhof weiter, »Black und Blue und ein bisschen Red, das war es auch schon bis 1966. Und dann? Ein gelbes Unterseeboot in einem Meer aus Grün! Gelbe und grüne Blumen aus Zellophan! Oder in *Only a Northern Song: If my hair is brown!* In *It's all too much* heißt es: *Set me on a silver sun.* Und in *All Together Now* übertreiben sie es dann sogar: *black, white, green, red / can I take my friend to bed / pink, brown, yellow, orange and blue / I love you!*«

»Aber *All together now* ist doch scheiße!«, meinte Michael. »Voll das Kinderlied!«

»Darum geht es doch jetzt gar nicht! Außerdem war ich noch nicht fertig! Auf *Abbey Road* ist *Golden Slumbers* drauf! Und in *Octopus' Garden* geht es um Korallen, da weiß man doch, dass die bunt sind! Und *Mean Mr. Mustard* – Mustard ist Senf, und der ist gelb! So was kann man doch nicht ignorieren!«

Den Begriff Nerd kannte man bei uns damals noch

nicht, aber ich war auf dem besten Wege, einer zu werden. Die mitleidigen Blicke ignorierte ich. »Alles ändert sich 1966/67«, predigte ich stattdessen weiter den Ungläubigen. »Herrgott, sogar die Stones haben 67 gesungen: *She comes in colours ev'rywhere, she combs her hair, she's like a rainbow!*«

»Also, da habe ich mich immer was ganz anderes gefragt«, sagte Michael. »Wieso heißt es im Text, *she's LIKE a Rainbow,* aber der Titel des Songs ist *She IS a Rainbow?* Da stimmt doch was nicht!«

Das war so ein Moment, in dem mir klar wurde, dass ich von halbwissenden Ignoranten umgeben war, die nicht in der Lage waren, sich mal ein paar Minuten auf die wirklich wichtigen Dinge zu konzentrieren, und die nicht realisierten, welch bahnbrechende Erkenntnisse ich ihnen hier frei Haus lieferte. Das regt mich heute noch auf, merke ich, und ich denke, dieser Michael ist sehr froh, dass ich hier nicht seinen richtigen Namen verwendet habe, denn diese sachfremden Einlassungen sind ihm bestimmt heute noch peinlich.

STARTING OVER HEISST DURCHSTARTEN

Ein paar Monate nachdem *McCartney II* erschienen war, brach die Sensation über mich herein: John Lennon, der fünf Jahre keine Platten gemacht und stattdessen in New York Brot gebacken und sich um seinen Sohn Sean gekümmert hatte, wollte neue Musik herausbringen! Eine LP sollte kommen, vorab, Ende Oktober, gab es schon mal eine Single – *(Just Like) Starting Over.* Ich bin ziemlich sicher, dass ich sie bei ALRO (kurz für Alfred Roth, den Besitzer) an der oberen Kortumstraße, Bochums Haupteinkaufsmeile, gekauft habe. Hier hingen wir nach der Schule oft herum und wühlten in den Plattenfächern oder spielten an den Flippern. Beides war im Keller untergebracht, oben gab es Bücher. Ich weiß nicht mehr, warum, aber ich ging damit zu meinen Großeltern, die im Bochumer Rathaus eine Dienstwohnung hatten, und hörte die Single zuerst auf der alten Musiktruhe im Wohnzimmer.

Auf der Hülle war ein Schwarz-Weiß-Foto von John und Yoko, wie sie sich küssten. Links oben, über Yokos Kopf, stand sein Name: John Lennon. Rechts der Titel. Ich war nervös. Die erste Single von John

Lennon, die ich mir bei Erscheinen hatte kaufen können. Es begann mit drei Schlägen eines kleinen Glöckchens. Ich musste gleich an die schweren Glockenklänge von *Mother* denken. Dann der Gesang: *Our Life / together / is so precious / together ...* Da war viel Hall und ein Chor im Hintergrund. Dann setzte die Band ein, und das Ganze erinnerte mich – ja, an was? Ein bisschen an die Fünfziger, ein bisschen an die Beatles, ich konnte aber meine Gedanken noch gar nicht ordnen. Fragte mich nur, wieso das *Just Like* des Titels in Klammern stand. Ich hörte die drei Minuten und siebenundfünfzig Sekunden durch, während mein Oppa auf dem Sofa saß und in einem Heftroman der Western-Reihe *Lassiter* las, eine dicke, schwer aussehende Brille mit dunklem Rand ziemlich weit vorne auf der Nase. Komisch, an was man sich erinnert, wenn man sich anstrengt.

Dann drehte ich die Platte um. Die Nummer auf der B-Seite war von Yoko Ono. Da war mir noch nicht klar, dass der Begriff »Nummer« hier doppeldeutig war. Ich dachte: Es gehört dazu, vielleicht ist John Lennon darauf ja auch zu hören.

Das Lied (um nicht schon wieder »Nummer« zu sagen) hieß *Kiss Kiss Kiss,* ohne Kommata. Am Anfang sagte sie etwas, das ich nicht verstand, wahrscheinlich auf Japanisch. Es klang wie *Deite.* Dann wurde es deutlich hektischer als auf der A-Seite. Aber ganz eingängig. *Kiss, kiss, kiss, kiss me love / Just one kiss, kiss will do.* Wahrscheinlich partytauglich, dachte ich, auch wenn Yokos Stimme schon gewöhnungsbedürftig war.

Nach etwas mehr als anderthalb Minuten wurde es aber sehr merkwürdig. Die Musik setzte aus, es waren nur noch Klatschgeräusche und ein aggressiver Klagegesang im Hintergrund zu hören, während Yoko vorne plötzlich anfing zu seufzen und zu stöhnen und wieder Japanisch zu sprechen. *Deite* kam immer wieder vor. Einmal hörte es sich an wie *Mutta,* außerdem schien eine Kuh zu muhen. Yoko steigerte sich mächtig in etwas hinein, das ganz klar nach einem Orgasmus klang. Mir brach der Schweiß aus. Mein Oppa sah von seinem *Lassiter*-Heft auf. Er sagte nichts, aber ich konnte mir denken, was er dachte. Etwas ruppig riss ich die Nadel von der Platte. Mein Oppa schüttelte nur den Kopf und widmete sich wieder dem laut Untertitel *härteste(n) Mann seiner Zeit.*

Auf dem Schulhof gingen die Meinungen über Lennons neuen Song auseinander. Michael meinte,

Starting Over habe ihn nicht umgehauen. Und die B-Seite sei ja wohl perverser Scheißkram. Zufällig stand diesmal aber Susanne daneben, die meinte, er habe offenbar Angst vor weiblicher Sexualität. Susanne sagte ständig so etwas. Sie trug eine abgenutzte Wildlederjacke und mindestens drei bis vier farbige Tücher, die aber so ineinander verschlungen waren, dass man die tatsächliche Anzahl nur schätzen konnte.

»Ich meine, wie hat die das gemacht?«, fragte Michael. »Hat die da vor dem Mikrofon ... Also hat die da ...«

»Was?«, sagte Susanne. »Masturbiert? Du fragst, ob die sich da einen gegriffen hat?«

»Starting over heißt durchstarten«, sagte ich.

Susanne lachte, und es klingelte zur dritten Stunde.

In der November-Ausgabe des Musikexpress hieß es, es solle auch ein ganzes Album erscheinen. Lennon begebe sich nach fünf Jahren Pause wieder in den Konkurrenzkampf, »diesmal tut er's allerdings mit dem Anstrich des Legendären«. Als ich las, dass auch eine Tour im Gespräch sei, bekam ich feuchte Hände. Vielleicht würde er ja wieder nach Essen kommen, vielleicht im Rockpalast auftreten. Albrecht Metzger brüllt in die Grugahalle: »German Television proudly presents! Liebe Freunde, heute bei uns zu Gast, live im Rockpalast: John Lennon!«

Ungefähr drei Wochen später erschien *Double Fantasy.* Eine ganze LP mit neuer Musik von John Lennon. Dachte ich. Auf dem Cover war dasselbe Foto wie auf der Single. Diesmal fiel mir auf, dass Yoko ein silbernes Herz um den Hals trug. Auf der Single hatte ich das übersehen. Und: Auf der Platte wechselten sich Songs von John Lennon und Yoko Ono ab. Ich kann nicht sagen, dass mich das begeisterte, schon gar nicht nach dem *Kiss Kiss Kiss*-Debakel im Wohnzimmer von Omma und Oppa.

Als ich die LP auf meiner Schneider-Kompaktanlage auflegte, lief gleich mal was schief: Im ersten Song, also *Starting Over,* gab es merkwürdige Aussetzer, es war, als würde die Nadel kleine Sprünge machen. Ich setzte sie immer wieder neu auf, aber es half nichts. Das fing ja gut an.

Kiss Kiss Kiss übersprang ich, obwohl ich alleine in meinem Zimmer war. Tapfer hörte ich dann aber die ganze Platte durch, auch die Yoko-Songs. Manche waren auch ganz okay, *Yes, I'm Your Angel* etwa oder *Hard Times Are Over.* Mit so etwas wie *Give me Something* war mein vierzehnjähriges Ich aber überfordert: *The food is cold / Your eyes are cold / The window's cold / The bed's cold / Give me something that's not cold come on, come on!* Verstand ich nicht. Dazu das Gekiekse im Hintergrund und diese Geräusche, die sich anhörten, als würde jemand würgen oder kotzen. Ich war ein schreckhafter, auch ein bisschen spießiger Vierzehnjähriger aus einer mittleren Großstadt im mittleren Ruhrgebiet.

Ganz anders die Lennon-Songs! *I'm Losing You* etwa, wo mich schon wieder einzelne Passagen allein vom Klang der Worte her faszinierten: *Here in the valley of indecision.* Das Tal der Unentschlossenheit. Damit kannte ich mich aus: An der Supermarktkasse konnte ich mich oft nicht zwischen Raider und Banjo entscheiden.

Darüber hinaus fand ich die üblichen Verdächtigen toll, also *Watching the Wheels* und *Woman.* Zu Ersterem hatte Michael mal wieder eine etwas merkwürdige Meinung.

»*Watching the Wheels,* was soll das heißen? Der sitzt da und guckt sich drehende Räder an?«

»Da geht es darum«, gab ich zurück, »dass er ganz entspannt ist und sich keinen Stress mehr macht. Er ist doch jetzt fünf Jahre zu Hause geblieben, hat sich vom Rock-Geschäft distanziert und so. *The Queen is in the counting house, counting all the money. The King is in the kitchen making bread and honey,* singt er doch in *Clean up Time.*«

»Ja, aber den Rädern beim Drehen zugucken, das klingt so dämlich!«

»Sag mal, bist du überhaupt noch Fan?«

»Ja, sicher«, behauptete Michael. »Aber ich muss doch nicht alles gut finden, was der macht!«

Okay, dachte ich, mit dir habe ich abgeschlossen.

Bei *Woman* beschäftigte mich ziemlich lange, was John Lennon ganz am Anfang sagte. Irgendwas mit *half of the sky.* Da wurde ich nicht schlau draus. Ich fand aber den Sound der Gitarren ganz toll. »Gitarrenfeuer« hat das ein Kritiker mal genannt, ich weiß aber nicht mehr, wo ich das gelesen habe.

Ende November erschien die Dezember-Ausgabe des Musikexpress, mit Angus Young von AC/DC auf dem Titel. Ganz unten links stand geschrieben: »John Lennon – Ein Beatle kehrt zurück«. Ich war empört! Ein Beatle kehrt zurück, und die nehmen AC/DC aufs Cover? Nichts gegen AC/DC, ich wäre auch bei jedem anderen Künstler, bei jeder anderen

Künstlerin empört gewesen. Bei Debbie Harry vielleicht etwas weniger, aber das hatte außermusikalische Gründe.

Im Heft war eine große Geschichte über John und Yoko, unter dem Titel *Szenen einer Ehe.* Da waren Fotos von den zwei im Studio, sie in einer Lederjacke, er im weißen Hemd, mit schmaler schwarzer locker gebundener Krawatte und schwarzem Sakko. Wenn man ehrlich war, wirkten die beiden nicht gerade euphorisch. John sah müde aus, und vor allem ziemlich dünn. War sein selbst gebackenes Brot vielleicht nicht ganz so nahrhaft? Egal, der große Bruder war durchgestartet und zurück im Spiel, machte wieder Musik, würde auf Tournee gehen, und ich würde dabei sein. Alles war in Ordnung.

»IN NEW YORK …«

Der 9. Dezember 1980 war ein Dienstag. In Bochum regnete es. Vor dem Windfang am Eingang unserer Schule harrten nur ein paar Hardcoreraucher aus der Oberstufe aus, alle anderen waren drinnen in der Pausenhalle. Ich trug meine NATO-Kampfjacke, also einen olivgrünen Parka, bei dem die Kapuze im

Stehkragen eingerollt war. Fieldjacket nennt man das heute.

Die Fenster waren beschlagen, es roch nach nassen Klamotten, es war ein ziemliches Gedrängel, in dem die Zwerge aus der Unterstufe trotzdem nicht darauf verzichteten, sich gegenseitig zu jagen. Hätte ich nur einen Funken Talent dafür, könnte ich es heute noch zeichnen: Ich war kaum drin, da kamen Gitta und Martina (Namen diesmal nicht geändert) auf mich zu und fragten, ob ich es schon gehört hätte.

»Nee, was denn? Fällt Bio aus?«

»John Lennon ist tot.«

Ich weiß nicht mehr genau, was ich gesagt habe, aber wahrscheinlich war es ein lang gezogenes Waaas?, weil ich das immer mache, wenn eine Nachricht zu absurd ist, um sie zu begreifen.

An diesem Tag gab es kein anderes Thema in der Schule, jedenfalls zwischen den Stunden und in den Pausen. Selbst Michael, der in meinen Augen in den letzten Wochen seinen Fan-Status verspielt hatte, war mit den Nerven fertig. Ich glaube, es war Susanne, die sagte: »Verdammt, wieso nicht McCartney?« Zu meiner Schande muss ich gestehen, dass ich kurz darüber nachdachte, ob es nicht tatsächlich besser gewesen wäre … Aber dann besann ich mich. Ein Beatle war tot. Und das war falsch. Egal, wen es getroffen hatte. Andererseits: Es war mein großer Bruder. Das machte durchaus einen Unterschied.

Um 13:15 Uhr war die sechste Stunde zu Ende, und ich hastete nach Hause. Vielleicht war es ja doch nicht wahr, eine Falschmeldung, ein Scherz, eventuell von John selbst in Umlauf gebracht, um die neue Platte zu promoten. Oder eine späte Antwort auf die Gerüchte, Paul McCartney sei Mitte der Sechziger gestorben und durch einen Doppelgänger ersetzt worden. Alles erschien logischer als die Wahrheit.

Ich schaltete das Radio meiner Schneider-Kompaktanlage ein und musste bis zu den Nachrichten um vierzehn Uhr warten. So erinnere ich mich an diesen Mittag. Aber kann das wirklich so gewesen sein? Gab es keine Sondersendungen auf WDR 2? Haben sie etwa nicht durchgängig Beatles-Musik gespielt?

Außerdem meine ich mich zu erinnern, dass die Nachricht kurz vor dem Wetter kam, nicht etwa als Spitzenmeldung. Ich weiß noch genau, dass ich ausstieg, als der Sprecher »In New York …« gesagt hatte. Dieses »In New York …« habe ich heute noch im Ohr.

Abends die Tagesschau mit Wilhelm Wieben, die

ich mir neununddreißig Jahre später noch einmal anschaue. Es ist nicht gerade, als sei es gestern gewesen, aber ich erinnere mich an die Bilder. In dem Nachrichtenüberblick, den Wieben als Erstes verlas, kam der Tod von John Lennon an zweiter Stelle, gleich nach den neuesten Entwicklungen in einem Entführungsfall. Dann ging es erst mal um die Herbsttagung der NATO-Verteidigungsminister, die Situation in Polen, ein Treffen von Kanzler Schmidt mit dem italienischen Ministerpräsidenten, Probleme bei der Finanzierung des Tornado-Kampfjets, die Bereitschaft der Bundesregierung, mehr Geld für Gemeinschaftsaufgaben von Bund und Ländern zur Verfügung zu stellen, Franz Josef Strauß in Griechenland, einen Streik bei der Lufthansa und die Entführung eines elfjährigen Mädchens, bei dem die Polizei jetzt um die Mithilfe der Öffentlichkeit bat. Na gut, dachte ich, das ist wirklich wichtiger, aber dieser ganze andere Mist? Gemeinschaftsaufgaben von Bund und Ländern?

Erst nach fast zwölf Minuten hieß es: »Der britische Popmusiker und Komponist John Lennon fiel im Alter von vierzig Jahren einem Mordanschlag zum Opfer.« Es folgten Bilder von der Menschenmenge vor dem Dakota-Building in New York, dann Filmsequenzen mit den Beatles. Es hieß, ihre Musik sei melodisch, aber auch hart gewesen und habe die Anerkennung seriöser Kritiker gefunden. Und: »John Lennon war von Anfang an der Intellektuelle. Er schrieb die besten Lieder, er veränderte die Gruppe. Er war es schließlich auch, der 1970 die Trennung wollte.« Anschließend ging der Beitrag auf John Lennons politisches Engagement ein und auf Yokos Einfluss und die neue Platte. Und dann kam das Wetter.

In den nächsten Tagen und Wochen überschlugen sich die Zeitungen und Zeitschriften mit Rückblicken und Nachrufen. Sogar die BILD brachte eine Serie über die Beatles. Ich erinnere mich, dass es darin hieß, die Beatles hätten während ihres ersten Aufenthaltes in Hamburg unter schlimmen Bedingungen gehaust, auch gerne mal auf den Boden gekotzt und kleine Union Jacks in die Häufchen gesteckt? Ernsthaft? Das bleibt von der größten Band aller Zeiten? Haufen aus Kotze? Mit Flaggen drin? Und überhaupt: Wie kotzt man einen Haufen? Meistens verteilt sich der Mist doch etwas großflächiger.

Ende Dezember, wahrscheinlich aber noch vor Weihnachten, erschien die Januar-Ausgabe des Musikexpress. Auf der zweiten Seite war eine Meldung, mit der Überschrift: »John Lennon tot!«. Offenbar hatte man den Druck gestoppt, um diese Nachricht noch unterzubringen. »GM« (laut Impressum wahrscheinlich Gabriele Meierding) schrieb von einem tragischen, sinnlosen Tod. Und weiter: »Unter dem Eindruck dieses grauenvollen Ereignisses gewinnt das Album *DOUBLE FANTASY*, das John Lennon nach fünfjähriger Zurückgezogenheit zusammen mit seiner Ehefrau Yoko Ono produzierte, eine völlig neue Dimension, und zwar als Dokument eines liebesbetonten Familien-/Partnerschaftsgefüges, das in unserer Gesellschaft offenbar keine Chance auf Dauer hat. Das in dem Moment zerstört wird, in dem man ihm ein Manifest setzt. Das ist es, was mich in dem Moment am meisten erschüttert, vor dem eigentlich jeder Rockjournalist insgeheim zittert: Ein Beatle stirbt.«

Mal abgesehen davon, dass mir die Tränen kamen, als ich das las, machte es mich auf auf eine leicht perverse pubertäre Art und Weise stolz. Die Rockjournalistinnen und -journalisten dieser Welt hatten die Tode von Brian Jones, Jimi Hendrix, Janis Joplin, Jim Morrison oder Keith Moon erlebt, aber sie zitterten vor dem Moment, in dem es einen Beatle erwischte.

Sein letztes großes Interview hatte John Lennon

einem Magazin gegeben, das man angeblich sowieso nur wegen der Interviews las, und deshalb stand ich Ende Januar 1981 vor dem Kiosk an der Hauptpost gegenüber vom Rathaus und kaufte mit weichen Knien für sieben Mark meinen ersten PLAYBOY.

Zu Hause traute ich mich erst, das Heft hervorzuholen, als ich alleine war. Ich nahm die Aufnahmen unbekleideter Frauen billigend in Kauf beziehungsweise legte sie gedanklich auf Wiedervorlage, für eine Zeit, in der die Trauer verblasst sein würde. Ich arbeitete das Gespräch intensiv durch, fühlte mich dem großen Bruder so nah wie noch nie, war aber auch erschüttert, dass er einer Wiedervereinigung der Beatles eine klare Absage erteilte. Auch, dass er sich an einen seiner Titel falsch erinnerte, machte mich beinahe fassungslos. Er dachte zuerst, die dritte Nummer auf der ersten Seite des *Weißen Albums* heiße *Green Onion* statt *Glass Onion!* Wie konnte ihm das passieren? *Green Onions* war doch eine Nummer von Booker T. & The MGs!

Natürlich konnte ich jetzt mit der üblichen Strategie der Mittelbeschaffung für die zu kaufenden LPs nicht weitermachen. Es reichte nicht mehr, ein bisschen Taschengeld zurückzulegen, Omma um ein paar Mark anzubetteln oder kleinere Arbeiten im Haushalt zu verrichten, um fünfzig Pfennige einzusacken, also ging ich dazu über, meiner Mutter immer mal wieder ein oder zwei Mark aus dem Portemonnaie zu klauen, bis ich genug für die nächste Platte zusammenhatte. Die Platten von John Lennon waren in den Geschäften in Bochum nach seinem Tod natürlich sofort ausverkauft gewesen, aber irgendwann gab es *Imagine* wieder bei ELPI am Hauptbahnhof. Und als ich an der Kasse stand, lungerte im Laden ein Typ in einer Lederjacke herum, auf die er mit weißem Filzstift lauter mir unbekannte Bandnamen gekritzelt hatte. Er trug eine Bundeswehrhose und Springerstiefel, und als er sah, was ich im Begriff war zu kaufen, rief er: »Ha! Das Schwein ist tot!« Mehr nicht. Mir kribbelte die Kopfhaut vor Wut, aber ich sagte nichts und machte, dass ich da wegkam.

OUTPUT ODER: THE FREAK

Input erzeugt Output, und so konnte es nicht ausbleiben, dass ich nicht nur anfing, die Songs der Beatles nachzuspielen, sondern selbst welche zu schreiben.

Nur kurz nahm ich Gitarrenunterricht bei einem gewissen »Stoney« im Amtshaus im Bochumer Stadtteil Hamme. Die Details kann man in einer Szene meines ersten Romans *Liegen lernen* nachlesen. Es war mir zu kompliziert, ständig nach Hamme zu fahren (oder, um das Geld für die Straßenbahn zu sparen, fünfundvierzig Minuten zu laufen), und außerdem ging mir das alles nicht schnell genug, streng von der Pike auf, also wie man eine Gitarre hält und wie die Saiten heißen und was es mit Rhythmus auf sich hat und was weiß ich. Ich brachte mir die gängigen Akkorde wie A, D, C, F und E jeweils in Moll und Dur, selber bei und übte wie ein Besessener, buchstäblich, bis mir die Fingerkuppen bluteten. Einen schlichten 4/4-Takt bekam ich ganz gut hin, aber schon wenn es um den 3/4 ging, der in erstaunlich vielen Folksongs zum Einsatz kam, musste ich mich so sehr konzentrieren, dass ich dazu nicht mehr singen konnte. Und gesungen werden musste! Ich hatte ein Buch, in dem die Songs der Beatles mit »leichten Akkorden« zu spielen waren, also genau denen, die ich mir draufgeschafft hatte. Letztlich waren das die Akkorde, auf denen das ganze Imperium des Rock 'n' Roll ruhte.

Laut einer heute noch existierenden Softkladde mit Mordillo-Strip auf dem Cover habe ich zwischen 1981 (nicht näher eingegrenzt) und dem 23. Oktober 1983 siebenunddreißig Songs mit Text und Musik geschrieben. Anfangs wollte ich offenbar mit einem ehemaligen Kindergarten- und Grundschulkollegen eine an Lennon und McCartney erinnernde Songwriter-Partnerschaft eingehen. Irgendwann ging ich aber dazu über, allein zu arbeiten, zum Beispiel bei *Dressed to Kill I* (die römische Ziffer verweist darauf, dass es mindestens noch einen Part two geben sollte). Der Text weist Ähnlichkeiten zu *Live and Let Die* von Paul McCartney auf. Statt *when you were young and your heart was an open book* hieß es in *Dressed to Kill I: When you were young your heart was a book with seven seals.* Eine überaus subtile Absetzung vom Original!

I'm Amazed trug die Referenz an *Maybe I'm Amazed* von Paul McCartneys erstem Solo-Album schon im Titel, wobei ich eine sehr viel größere Entschlossenheit an den Tag legte als der gerade bei den Beatles ausgeschiedene und insofern offensichtlich verunsicherte McCartney, der nur *vielleicht* verwundert war, während der frühe Goosen keinen Zweifel kannte.

Auch *Who Can See The Wind* trug einen Beatles-Stempel: *Who can see the wind, the wind that blows your mind?* Das war *Because* von *Abbey Road.* Man lernt nur von den Besten.

Komischerweise sind die McCartney-Reminiszenzen im Frühwerk dieses mir heute komplett fremden, nie zur Entfaltung gelangten Songwriting-Genies zahlreicher als die Einflüsse seines eigentlichen Idols John Lennon. Noch im März 1982 schrieb dieser unglücklich Sehnende *My Love Does it Good,* was nun schon nicht mehr »beeinflusst« war, sondern eher frech geklaut, und zwar aus *My Love* von *Red Rose Speedway,* einer Paul-Scheibe von 1973. Aus dem April 82 hingegen datiert dann endlich ein Lennon-Imitat namens (Obacht!): *Losing you: I feel like losing you, I feel like going to hell.* Ich kann mich heute nicht erinnern, wen ich damals verloren haben sollte, denn ich hatte ja niemanden gehabt. Das war doch das ganze Elend!

Umso merkwürdiger, dass ich irgendwann im Laufe des Jahres 1981 einen Song mit einer Frau geschrieben haben soll, deren Name mir heute nichts mehr sagt. Und die Nummer hieß auch noch *Love You Twice a Day!* Da war definitiv der Wunsch Vater, Großvater und Urgroßvater des Gedankens.

Irgendwann kaufte ich mir von einem Stufenkollegen neben der akustischen Gitarre, die ich schon hatte, eine elektrische, tonnenschwer und lila lackiert. Mit dem Kollegen, von dem ich dieses Monstrum erstand, *jammte* ich ein wenig in seinem Keller und hatte schließlich auch den Mut, ihm einen selbst geschriebenen Titel vorzuspielen. Was er darauf sagte, machte mich vier Zentimeter größer: »Also von den Harmonien her klingt das nach den Beatles!« Ich wusste nicht, was Harmonien waren, aber meine klangen nach den Beatles. Weltruhm, here I come!

Den Gipfel meines musikalischen Schaffens erklomm ich im Frühjahr/Sommer 1982, als ich unsterblich in Claudia verliebt war und für sie meinen einzigen Welthit schrieb: *Rainbows over Waterfalls.* Außer ihr hat diesen Welthit allerdings kaum jemand gehört.

Neben der Mordillo-Kladde existieren noch zwei Ringbücher mit zahlreichen Aufklebern drauf: *Rockpalast WDR, Let's fetz, Sag mal wieder Danke schön (»Die große Pril-Aktion »Kompliment an alle Ehefrauen und Mütter«),* Gerhard Seyfrieds Cartoon zu dem Spruch »Wir sind die Leute, vor denen uns unsere Eltern immer gewarnt haben«, aber auch ein Sticker, der für die Camel Trophy 85 in Borneo wirbt, sowie *Das Ruhrgebiet – Ein starkes Stück Deutschland.* Von Entgleisungen wie dem PLAYBOY-Häschen (andererseits: die Interviews!) oder der Tomate mit Gesicht, die den Spruch »Let's Ketchup« illustriert, möchte ich hier bewusst schweigen. Ich frage mich nur: Wer war der desorientierte Jugendliche, der diese Ringbücher angelegt hat?

Im Jahr 1985 dünnte meine Produktion offensichtlich aus. Im April schrieb mein fast neunzehnjähriges Ich noch *Pass me by* – wieder eine Verbeugung vor den Beatles, diesmal vor Ringo und seinem eher simplen Liedchen *Don't Pass Me By* vom *Weißen Album.*

Programmatisch endet das zweite Ringbuch am 16. Dezember 1985 mit *The Freak,* das nur aus einer Strophe besteht. *Always the first to poison air with jokes* heißt es da, *and the one who empties all the bottles. The freak is on the corner gaining guilt / The freak walks down the street in the pouring rain / The freak will do it again and again.* Das liest sich, als habe sich der Verfasser kurz danach das Leben genommen. Soweit ich mich erinnere, hatte er dafür aber immer viel zu viel Angst vor dem Totsein.

DAS MÄDCHEN MIT DEM BEATLES-NAMEN

Und dann wäre da noch die Geschichte mit meiner imaginären Freundin. Es war im Herbst 1981. Ich saß im Unterricht neben Mark, den es gerade erst an unsere Schule verschlagen hatte und der ein Jahr älter war, aber zwei Jahre älter wirkte. Er trug Lederjacke, rauchte und erzählte ständig von seiner Freundin, die auf eine andere Schule ging und die ich nie zu Gesicht bekam. Außerhalb der Schule hatten Mark und ich nämlich kaum etwas miteinander zu tun. Mit dieser Freundin knutschte er herum, ging mit ihr ins Kino, auf die Kirmes und in den Eistreff am Steinring. Dass es mit ihr auch über das Knutschen hinausging, deutete er nur an und ließ sich die Details aus der Nase ziehen. Und ich konnte nichts dagegen machen: Ich zog.

»Ja, also, was heißt das denn: Am Bauchnabel war noch lange nicht Schluss?«

»Kannst du dir doch denken, oder?«

»Nee, sag doch mal!«

»Na ja, Petting und so.«

»Was heißt das: *und so?*«

»Okay, nicht *und so.* Aber schon Petting.«

»Also so richtig?«

»Ja, klar.«

»Hm.«

Irgendwann meldete er dann kompletten Vollzug, und ich verging vor Neid. Denn bei mir lief es auf diesem Gebiet nicht annähernd so gut. Irgendwann hatte ich es auf Regina aus der Parallelklasse abgesehen, wovon sie aber noch nichts ahnte. Mein Mut reichte gerade dafür, mich auf dem Schulhof oder in der Pausenhalle in ihrer Nähe zu positionieren und ganz feste an sie zu denken, in der Hoffnung, dass sie plötzlich so ein Kribbeln verspürte, sich zu mir umdrehte und sich stante pede (wir waren ein altsprachliches Gymnasium) in mich verliebte. Das hatte bisher nicht geklappt und würde wohl noch ein bisschen dauern.

Mark hingegen machte im wahrsten Sinne des Wortes einen auf dicke Hose. Und irgendwann hielt ich es nicht mehr aus und sagte: »Du, ich habe da eine kennengelernt, die ist total nett.«

»Ach ja, wie heißt die denn?«

»Michelle.«

Ich schwöre, ich war wirklich so blöd, ein Mädchen zu erfinden, der ich einen Namen aus einem Beatles-Song gab!

Folgerichtig sagte Mark auch gleich: »Wie in dem Beatles-Song?«

Damit hatte ich natürlich gerechnet. »Ja, stell dir vor. Ihr Vater ist Beatles-Fan. Sie ist am 12. August 66 geboren, das haut also hin.«

Ich hatte das genau durchdacht. *Rubber Soul,* auf dem *Michelle* drauf ist, war im Dezember 1965 erschienen.

»Und wie ist sie so?«

Michelle war natürlich toll: etwas kleiner als ich, lange dunkle Haare, braun-grüne Augen und eine Narbe am Kinn, wo ihr kleiner Bruder sie mal mit einem Schälmesser erwischt hatte. Instinktiv wusste ich damals schon: Details machen eine Geschichte glaubwürdig.

Ein paar Wochen lief alles gut. Michelle und ich ließen es langsam angehen. Händchen halten, ein bisschen küssen und dann erst mal gucken. Wir hatten uns *Das Boot* im Kino angesehen, und ich gab ganz offen zu, Michelle gegenüber damit angegeben zu haben, dass Grönemeyer auf unserer Schule gewesen war. Ich erzählte Mark, dass Michelle eine Lederkordel um den Hals trug, weil ich das mal an einem Mädchen gesehen und ganz toll gefunden hatte. Irgendwann durfte ich bei ihr unter den Pullover und kurz darauf südlich ihres Bauchnabels auf Forschungsreise gehen.

Gleichzeitig bekam ich Regina nicht aus dem Kopf, der ich dann eines Tages im Herbst eine selbst zusammengestellte Kassette überreichte, ganz diskret natürlich. Ich hatte gesehen, dass sie allein zur Toilette bei den Bio-Räumen gegangen war und mich dann so lange da herumgetrieben, bis sie wieder herauskam. Sie hatte ziemlich komisch geguckt, die Kassette aber angenommen und sich auch bedankt.

Ich war ziemlich gut drauf, weil ich endlich den Mut gehabt hatte, bei Regina tätig zu werden, und deshalb lief auch die Sache mit Michelle immer besser. Jedenfalls, bis ich eines Tages im November 1981 in der ersten großen Pause unter schweren grauen Wolken mit Mark auf dem Schulhof stand und plötzlich ein Typ aus der Oberstufe, den ich vom Sehen kannte, auf uns zukam.

»Sag mal, du hast doch der Regina diese Kassette aufgenommen, oder?«

Ich war perplex. Er hatte nicht Hallo oder sonst etwas zur Begrüßung gesagt, sondern war gleich zur Sache gekommen. Eigentlich muss man in so einer Situation cool bleiben und so etwas entgegnen wie: »Wer will das wissen?« oder »Was dagegen, Hirni?«. Bei mir reichte es nur für: »Was? Wer? Ich? Welche Kassette?«.

Der Typ aus der Oberstufe war fast einen ganzen Kopf größer als ich und ließ körpersprachlich keinen Zweifel, dass er diesen Vorteil mir gegenüber ausspielen würde, jedenfalls, wenn niemand wie Mark mehr dabei war.

»Du lässt mal besser deine Finger von ihr, verstanden? Denk nicht mal an sie, du kleiner Wichser. Und keine Kassetten mehr! Da war sowieso nur Schrott drauf!«

Ohne meine Antwort abzuwarten, machte er auf dem Absatz kehrt und ging betont lässig weg. Ich sagte nichts. Wer war der Kerl? Hatte der was mit Regina? Und wenn ja, wieso hatte ich nichts davon mitbekommen? Und überhaupt: Wo war das Loch, in dem ich verschwinden konnte?

Mark blickte dem Typen nach und sagte dann: »Regina? Was wird Michelle dazu sagen?«

Noch am selben Tag trennte ich mich von Michelle. Das Mädchen mit dem Beatles-Namen war nicht meine erste große Liebe, aber immerhin meine erste Exfreundin.

BOCHUM–NEW YORK

Das Jahr 1982 markierte in mancher Hinsicht einen Wendepunkt für mich, vor allem, weil ich (wie oben erwähnt) zum ersten Mal so richtig verliebt war und auch noch, jedenfalls teilweise, erhört wurde. Damit ging auch eine Erweiterung meiner musikalischen Vorlieben einher. Ich entdeckte Simon and Garfunkel, besuchte deren Konzert am 30. Mai 1982 in Dortmund, begann mich mit dem Werk Robert Zimmermans zu beschäftigen und stellte fest, dass Bruce Springsteen viele Songs, die von New Jersey handelten, eigentlich über die Alleestraße in Bochum geschrieben hatte. Später geriet ich unter den Einfluss eines fünf Jahre älteren Blues-Sängers, mit dem ich später acht Jahre lang zusammen auftreten sollte, und begeisterte mich für ZZ Top, Muddy Waters und Johnny Winter. Es war, als würde ich zu Hause ausziehen. Aber wenn ich zwischendurch die Beatles hörte, war das wie Heimaturlaub.

1984 gab es mit *Milk and Honey* Lennon-Ono-Nachschlag. Wieder im Wechsel John und Yoko. Lennons Stücke waren diesmal ein wenig knackiger produziert, vor allem *Nobody Told Me,* das ganz gut daherrockte. Yokos Stücke waren teilweise ganz okay, aber eigentlich störten sie doch ziemlich. Immerhin hatte ich jetzt genug Stücke, um zusammen mit den Lennon-Songs von *Double Fantasy* eine Seite einer C90-Cassette zu bespielen. *Lennon 1980* stand bei mir drauf, und das ist auch der Titel der Playlist, die ich mir mittlerweile auf dem iPhone eingerichtet habe.

Auch in den Neunzigern blieben die Beatles als Einfluss allgegenwärtig. Kurt Cobain bezog sich auf sie, und auf der Insel lief sich die Cool-Britannia-Welle des in sixtieshaften Melodien und Arrangements schwelgenden Britpop warm. 1994 brachten Blur *Modern Life Is Rubbish* heraus, und Oasis gingen mit *Definitely Maybe* an den Start. Erstere legten *The Great Escape* nach und die Gallaghers *(What's the Story?) Morning Glory.* Beatliger als in dem Video zu *Wonderwall* ging es nicht mehr. Pilzköpfe, Old-School-Plattenspieler, Lennon-Brille. Das war retro, hatte aber trotzdem eine sich nicht zuletzt aus großkotziger Arroganz speisende Frische.

Mitten hinein in die Britpop-Manie platzte eine Nachricht, die mich zunächst fast so elektrisierte wie die Ankündigung von *(Just Like) Starting Over* und *Double Fantasy:* neue Musik von den Beatles! Drei Doppel-CDs unter dem Titel *Anthology* sollten unveröffentlichte Aufnahmen enthalten und auch komplett neue Titel. Drei aufgemotzte Demo-Aufnahmen von John Lennon sollten von den anderen dreien komplettiert werden.

Die erste war *Free as a Bird.* Schon die ersten Takte schleppten sich im immer gleichen Jeff-Lynne-Sound vor sich hin. Ich mag Jeff Lynne. *Full Moon Fever* von Tom Petty hat er sehr schön gemacht. Auch sein eigenes Album *Alone in the Universe* – wunderbar. Aber es hört sich eben auch alles gleich an. Und hat sich eigentlich niemand gefragt, wieso John Lennon *Free as a Bird* nicht zu Ende geschrieben hat? Es ist ein zähflüssiger Kitsch, dessen Harmonien (ja, ich glaube jetzt zu wissen, was das ist!) natürlich an Lennon erinnern, und die Slide-Gitarre ist purer Harrison, Pauls Passagen sind einfach Paul, aber insgesamt ist dieses Ding doch erschütternd unerheblich, schlapp und kraftlos.

Real Love wirkte zwar geschlossener, weil zu Ende komponiert, klang aber auch mehr nach einer Nummer, welche die Beatles Mitte der Sechziger an Cilla Black oder Billy J. Kramer abgetreten hätten. Beide Songs bedienen vor allem zwei der mittlerweile klassischen Chiffren der glorreichen Sixties: Freedom und Love. Peace hätte noch gefehlt, so wie Ringo bis heute in jedem Interview ständig Peace and Love sagt, und auch keine seiner Äußerungen in den sozialen Medien kommt ohne diese Phrase aus. Lennons Kassettenstimme in den beiden Songs klingt wie aus dem Totenreich, das waren eher Séancen als echte Popmusik. Den dritten Song blieben sie uns damals schuldig, und ich habe es nicht bedauert.

Sicher hatte meine kühle Reaktion mit der Lebensphase zu tun, in der ich mich befand. Ich hatte mich mittlerweile ein paarmal glücklich verliebt, auch wenn es jeweils unglücklich endete, und hatte angefangen, im Literaturkomik-Duo *Tresenlesen* ein bisschen Karriere zu machen, schrieb Stücke für ein kleines Off-Theater in Bochum, das ich ein Jahr lang sogar leitete, was das Theater aber nicht überlebte. Ich brauchte die Beatles nicht mehr, dachte ich, ich hielt mich an Oasis, fand aber auch die Manic Street Preachers nicht schlecht und tanzte gerne zu *Disco 2000* von Pulp. Nach wie vor kaufte ich mir jede Solo-Platte eines Beatle, bedauerte aber Paul für *Hope of Deliverance,* mit dem er sogar bei *Wetten, dass..?* auftrat.

Ich verstand den Hype um die *Anthology* nicht. Die Fernseh-Doku war detailliert und interessant, aber die CDs doch eigentlich nur was für Hardcore-Fans. Ich fand es toll, die Jungs im Wohnzimmer in Liverpool spielen zu hören, und ich liebe nach wie vor die

Cover von Klaus Voormann und die akustische Version von *While My Guitar Gently Weeps* mit der zusätzlichen Strophe. Vor allem machte dieses Projekt aber eines klar: Die Beatles hatten sich in den sieben Jahren, in denen sie zusammen professionell aufgenommen hatten (1962–1969), auserzählt. Wo bei Bob Dylan ständig Preziosen von verstörender Genialität aus dem Archiv auftauchen (*Blind Willie McTell* war nicht gut genug für *Infidels,* echt jetzt, Herr Zimmerman?), musste man sich bei den Beatles weitgehend mit Variationen von Altbekanntem begnügen.

1997 beendete Paul McCartney mit *Flaming Pie* eine, wie ich es empfand, vierzehnjährige Phase der Ratlosigkeit. Nach dem tollen *Tug of War* hatte er das ein bisschen langweilige *Pipes of Peace* herausgebracht, danach noch ein paar, von denen mir höchstens einzelne Titel gefielen. Na gut, *Flowers in the Dirt* war ganz nett, aber wir alle wussten, was wir vermisst hatten, als wir *The Songs We Were Singing* hörten oder *The World Tonight.* 2001 legte er *Driving Rain* nach, das wohl bei den Kritikern umstritten war, wie ich heute lese, aber ich mochte und mag das Ding.

2001 starb George Harrison, der schon seit einigen Jahren an Krebs gelitten hatte und der Ende 1999 in seinem Haus von einem Einbrecher niedergestochen worden war. Das warf mich nicht mehr so aus der Bahn wie die Ermordung John Lennons, nicht nur weil ich älter war, sondern vor allem, weil ich nicht allzu lang vorher viel zu früh meine Eltern hatte begraben müssen. Ich hatte also zum Thema Trauer sehr viel mehr zu sagen als 1980. Trotzdem war es immer noch so, als hätte ich einen Verwandten verloren. Und weil ich ein schlechtes Gewissen hatte, dass ich mich so lange nicht bei ihm gemeldet hatte, hörte ich mich noch mal durch Harrisons komplettes Solowerk, auch durch *Dark Horse,* das ich immer ein bisschen links liegen gelassen hatte, und *Extra Texture,* welches auch nicht gerade als Highlight seiner Karriere gilt. *Gone Troppo* mochte ich immer noch nicht, angefangen beim blöden Titel. Aber alle Stücke, auch die weniger guten, ließen mich den Verlust spüren, auch wenn dieses Gefühl nicht vergleichbar war mit dem vom Dezember 1980.

Als ich im September 2007 das erste Mal in New York war, nahm ich mir vor, das Dakota-Building, vor dessen Eingang John Lennon erschossen worden war, auf jeden Fall zu meiden. Ich wollte nicht der hinterletzte Touri sein, der nach Freiheitsstatue, Empire

State Building und Central Park noch den Todesort eines Beatle in sein Sightseeing-Programm aufnahm. Wie jeder, der etwas Besonderes mit einem Künstler verbindet, vor allem wenn es um eine emotional so aufgeladene Sache wie Rockmusik geht, fühlte ich mich den anderen, die da herumhingen und ohne Skrupel den Doorman fotografierten, wie es die Idiotinnen und Idioten in London mit der bärenfellbemützten Queen's Guard machen, moralisch turmhoch überlegen.

Und dann standen wir doch an der Ecke Central Park West und 72. Straße. Natürlich waren wir nicht allein. Und genauso natürlich fotografierten die Leute den Doorman, der das alles stoisch über sich ergehen ließ. Auf eine bekloppte Art machte mich dieser Trubel aber auch stolz. Okay, die Leute trauerten nicht, die gafften nur, aber sie taten das für jemanden, der zu meiner Familie gehörte. Am liebsten hätte ich zu ihnen gesagt: Wenn ihr was wissen wollt, fragt mich, ich weiß alles, ich habe ihn gekannt und kenne ihn noch. Zum Glück habe ich das nicht getan. Ich erzählte stattdessen meinen Söhnen davon, die zu dem Zeitpunkt sechs und vier Jahre alt und schon daran gewöhnt waren, dass Papa manchmal kein Ende fand.

Als wir Central Park West überquerten, um uns die Strawberry-Fields-Gedenkstätte anzusehen, dachte ich darüber nach, ob ich nicht auch ziemlich arrogant war. Vielleicht liefen hier durchaus Menschen herum, deren Zuneigung zu John Lennon und seiner Musik genauso echt war wie meine. Na ja, vielleicht nicht ganz, das mit John und mir, das war schon etwas ganz Spezielles, aber herrje, vielleicht waren nicht alle, die jetzt um das im Boden eingelassene Mosaik mit dem Imagine-Schriftzug herumstanden, hohlköpfige Heuchler. Aber selbst wenn: Das triefte hier nur so vor Kitsch! *Imagine* konnte ich mittlerweile kaum noch hören, weil es so durchgenudelt und zu Tode zitiert worden war. Stell dir vor, es gibt keine Länder, keine Religion, keine Besitztümer. Vor allem Letzteres klingt vielleicht doch etwas komisch aus dem Munde eines Multimillionärs, oder? *Nothing to kill or die for?* Nun ja, seit sechs und vier Jahren gab es zwo kleine Menschen, für die ich beides tun würde. Klar, Gier und Hunger, das sind schlimme Dinge, aber … Na ja, ich bekam den Gedanken nicht zu Ende, denn es erschien ein langhaariger Typ mit einer Gitarre, setzte sich im Schneidersitz auf den Boden und fing tatsächlich an, *Give Peace a Chance* zu singen, und zwar nur den Refrain, weil ihm das mit all den -isms offenbar zu schwierig war, also Bagism, Shagism, Dragism, Madism, Ragism, Tagism, This-ism, That-ism, ganz zu schweigen von den Ministers, den Sinisters, Banisters und Canisters, die Bishops und Fishops und Rabbis und Popyes, von Revolution, Evolution, Masturbation, Flagellation, Regulation, Integration, Meditation und United Nations ganz zu schweigen. Bevor ich ihm seine Klampfe aus den Händen riss, um sie ihm über seinen filzhaarigen Schädel zu ziehen, machte ich mich lieber aus dem Staub.

TEIL 2

EIN TAG IM LEBEN

WO ALLES ANGEFANGEN HAT

Jahrelang plätscherte mein Fantum so dahin. Ich erfreute mich an den schönen Platten, die Paul McCartney inzwischen machte, ließ Ringo allerdings ein bisschen links liegen. Als das mit dem Musikstreaming losging, waren die Beatles zunächst nicht dabei, und wieder hatte ich so einen Moment irrationalen Stolzes. Sie waren halt etwas Besonderes, das haute man nicht einfach per Flatrate raus. Als sie dann doch auf den entsprechenden Plattformen ankamen, lud ich mir trotzdem sofort das Gesamtwerk aufs Telefon herunter. Es hat ja durchaus etwas, das alles immer und überall hören zu können.

Zu Weihnachten und Geburtstagen ließ ich mir die opulenten De-Luxe-Boxsets alter Platten auf CD schenken, die 50th-Anniversary-Edition von *Sergeant Pepper's* oder McCartneys Solo-Sachen, *Tug of War, Wings at the Speed of Sound* oder *Venus And Mars.* Das lief jedoch alles ein bisschen nebenher, muss ich zugeben.

Und dann fragte mich mein Lektor, ob ich Lust hätte, in der Musikbibliothek von KiWi dabei zu sein, und über wen ich würde schreiben wollen. Ich glaube, die Antwort hatte ich raus, bevor er die Frage beendet hatte. Ich hätte es nicht ertragen können, wenn jemand anders über die Beatles geschrieben hätte. Außerdem war es höchste Zeit, sich mal wieder mit denen zu beschäftigen. Und vielleicht auch dem Nachwuchs, der mit Riesenschritten der Volljährigkeit entgegenstiefelte, mal ein bisschen näherzubringen, was Papa so geliebt hat, als er in ihrem Alter war.

Deshalb fuhren wir im April 2019 dorthin, wo alles angefangen hatte, nach Liverpool.

WARUM FOTOGRAFIERST DU NICHT DAS GELBE UNTERSEEBOOT, FRANK?

Mittwoch, 24. April 2019: Kurz nach 20:00 Uhr Ankunft am John Lennon Airport. Ausstieg ganz oldschool aufs Rollfeld, dann an der Rückseite eines

Gebäudes entlang zur Hinterseite eines anderen. Treppauf, treppab. Zollkontrolle: Der Beamte begrüßt mich mit »Guten Abend«. Im Ausgang kehre ich noch mal kurz um, um das Plakat zu fotografieren, das darauf hinweist, Liverpool sei zur besten Nightlife Destination des UK gewählt worden, worauf eine automatische Durchsage ertönt, dass ich diesen Bereich zu verlassen habe, Kameras mich beobachten und das MEK der Polizei praktisch schon im Anrücken sei. Ich kann so gerade noch entkommen.

In der Halle wird erst mal die John-Lennon-Statue gesucht. Die ist im oberen Stockwerk und sieht ihm sogar ähnlich. Interessant ist, welche drei Fotos sie von ihm oben an der Wand angebracht haben: Nur eines ist aus der klassischen Beatles-Phase, circa 1963, mit kragenlosem Anzug-Jackett. Auf dem Foto in der Mitte sieht man ihn mit Yoko, in ihrer beider Kurzhaarphase (Anfang der Siebziger?), auf dem dritten ihn allein in derselben Zeit. Die Statue selbst zeigt ihn mit zurückgekämmten Haaren und Nickelbrille, der Blick ist angemessen streng, John ist in Bewegung, das linke Bein vor, das Knie leicht gebeugt, weil er ja diesen federnden Gang hatte. Finde, das Ding fängt ihn ganz gut ein.

Darüber denke ich noch nach, als wir zum Taxi gehen, und vergesse dann, das gelbe Unterseeboot zu fotografieren, das vor dem Flughafen steht. Der Rückflug wird von Manchester aus sein. Egal, wir sind jetzt da, wo alles angefangen hat.

THIS IS NOT HERE

Am Morgen wölbt sich ein grau-blauer Himmel über dem Mersey, und es ist zwar nicht wirklich gesund, aber zum Frühstück müssen es dann schon Scrambled Eggs sein, natürlich nicht ohne dem noch leicht verschlafen in die große weite Welt blinzelnden Nachwuchs etwas zu weitschweifig zu erklären, dass Scrambled Eggs der Arbeitstitel des wohl berühmtesten Beatles-Liedes ist. Immerhin entringt sich der Thronfolger ein gemurmeltes »Yesterday?«, was der Zweitgeborene mit einem gelangweilten »... war Mittwoch« kontert.

Um 09:20 Uhr steht das für 09:30 Uhr gebuchte schwarze Taxi vor der Tür, das uns zu den Beatles-Orten Liverpools bringen soll. Ich hätte mich auch für die preiswertere Rundfahrt mit dem Magical-Mystery-Bus entscheiden können, aber die dauert nur zwei Stunden, und man sitzt mit fünfzig, sechzig anderen Leuten zusammen, da erschien mir die Variante mit dem Taxi sinnvoller, weil wir dann sicher sehr viel mehr sehen würden.

Unser Guide (als Deutscher schreibt man ja sehr ungern »Führer«) heißt Steve, hat noch ein paar Haare weniger als ich und trägt eine schwarze Hose und obenrum nur ein dünnes schwarzes Nike-T-Shirt mit kurzen Ärmeln. So kennt man sie, die Engländer: Die frieren einfach nicht. Nach einem sommerlichen Osterfest ringt sich das Wetter gerade mal zu elf bis zwölf Grad durch, aber im Laufe des Tages werden wir sehr viele Einheimische in kurzen Hosen und ohne Socken in den Badelatschen sehen.

Wir klettern in die bekannt geräumige Fahrgastzelle von »Lovely Rita«, denn die Taxis, mit denen man diese familiären Touren machen kann, heißen alle nach Frauennamen aus Beatles-Songs. Eigentlich habe er es »Lucy in the Sky with Diamonds« nennen wollen, doch wegen der LSD-Anspielung sei seine Frau dagegen gewesen. Nun also heißt sein Auto nach einer Strafzettel verteilenden Politesse.

Bevor ich noch länger darüber nachdenken kann, stellt Steve mir die erste von vielen Testfragen an diesem Tag. Nämlich, wann John Lennon seine erste Frau Cynthia geheiratet habe. Ich liege beim Monat richtig, verhaue mich aber mit dem Jahr. 1962 war es, nicht 1963. Dumm. Steve weiß jetzt, mit was für einem Leichtgewicht er es zu tun hat. Leider haben meine beiden Söhne ihre iPhones noch nicht hervorgeholt, sondern alles genau mitbekommen. Ihrem Blick nach steht heute ganz allgemein meine Glaubwürdigkeit als vorgeblich allwissender Erziehungsberechtigter auf dem Spiel. Der Blick meiner Frau sagt: »Man kann nicht alles wissen, Schatz!« Ich hasse es, wenn sie mich »Schatz« nennt, und sei es nur nonverbal.

Kurz darauf stehen wir vor einem schmucklosen, aber wie üblich sehr schönen viktorianischen Haus, in dem früher das Standesamt untergebracht war, später eine Beratungsstelle für Drogenabhängige und Alkoholkranke. Die habe sich aber nicht lange gehalten, meint Steve, weil nebenan ein Pub ist.

Von der Eheschließung gibt es keine Fotos – wohl aber eine von Cynthia, die John bekanntlich auf der Kunsthochschule kennengelernt hatte, höchstselbst angefertigte Zeichnung. Welche sich selbstverständlich in Steves Besitz befindet. Na gut, eine Kopie, aber immerhin. Das Bild steckt in einer Klarsichthülle in einer sehr dicken DIN-A4-Plastikmappe voller Fotos und Zeichnungen, am Rücken zusammengehalten von Paketklebeband.

Jetzt will Steve noch wissen, wie viele Beatles an diesem 23. August 1962 eigentlich auf der Hochzeit gewesen seien. Also, er will es nicht wissen, denn er weiß es natürlich, er will nur wissen, ob ich es weiß, beziehungsweise bestätigt finden, dass ich es nicht weiß. Drei seien es gewesen. »Because they just kicked Pete Best out!«, werfe ich etwas zu eifrig ein. Steve nickt nachsichtig mit gesenkten Lidern. Ringo war erst eine Woche zuvor zu den Beatles gestoßen und hatte sich noch nicht den Status als »John's Friend« erarbeitet, und zur Hochzeit waren eben nur Friends zugelassen.

Am Abend der Hochzeit hatten die Beatles übrigens einen Auftritt, sodass Cynthia Powell, nun verheiratete Lennon, in ihrer Hochzeitsnacht alleine war. Fragt sich, ob das auch für ihren frisch vermählten Gatten galt.

Als Nächstes ist das Gebäude dran, in dem John Lennon das Licht der Welt erblickte. Auf dem Weg dorthin meint Steve, John Lennons Leben sei bestimmt gewesen von »three bossy women«. Tante Mimi, bei der er aufgewachsen ist, Cynthia und Yoko. »And one of 'em luffed him!« Nonverbal lässt Steve keinen Zweifel daran, dass er weder von Tante Mimi noch von Yoko spricht.

Wir fahren wieder nur ein paar Minuten, stellen den Wagen ab und gehen ein paar Schritte, bis wir vor dem ehemaligen »Liverpool Maternity Hospital« stehen, in dem am 9. Oktober 1940 um 6:30 Uhr John Winston Lennon als Sohn von Julia Lennon, geborene Stanley, zur Welt kam. Nicht, wie früher gerne behauptet, während eines deutschen Bombenangriffs, denn an diesem Tag fand nachweislich kein solcher Angriff auf Liverpool statt. Aber Steve erklärt uns, dass wir alle trotzdem unglaubliches Glück gehabt hätten, denn die Häuser rundherum seien allesamt zerstört worden, weshalb John darauf bestanden habe, dass die Worte »This is not here« am Gebäude angebracht werden. Denn das sollte eigentlich nicht hier sein – wenn es nach uns Deutschen gegangen wäre. Und damit auch John Lennon nicht. Und nicht die Beatles. Heute ist hier ein Studentenwohnheim untergebracht, sodass es laut Steve durchaus möglich sei, dass heute ein Student oder eine Studentin in genau dem Zimmer schläft, in dem John Lennon geboren wurde – und nichts davon weiß. Steves Blick würde jetzt melancholisch über den Mersey schweifen, wenn man den von hier aus sehen könnte.

FATE, MATE!

Keine zehn Minuten fahren wir bis in den Stadtteil Dingle, wo Ringo Starr geboren wurde und die ersten paar Jahre seines Lebens verbrachte. Auf der Fahrt dorthin senkt Steve das Level seiner Ansprüche an mich auf Bodennähe, als er fragt, wie Ringo mit bürgerlichem Namen heißt und woher er seinen Spitznamen bekam. Wenn ich das nicht hinbekäme, dürfte ich dieses Buch gar nicht schreiben.

Ich spüre die Blicke meiner Jungs, die neben mir sitzen, während meine Frau auf dem Klappsitz gegenüber Platz genommen hat. Diese englischen Taxis sind ja echte Raumwunder, man könnte einen kleinen Crocket-Parcours hier drin aufbauen, aber wenn man sich in so einer Quasi-Prüfungssituation wiederfindet, schrumpft der Raum wie die Müllpresse des Todessterns im ersten Star-Wars-Film.

Eigentlich ist die Frage nach Ringos Namen unter meiner Würde, aber da ich vorhin versagt habe, gebe ich artig zu Protokoll, dass »Ringo« eigentlich Richard heißt und ihm sein Spitzname während seiner Zeit als Schlagzeuger von Rory Storm & The Hurricanes verpasst wurde, weil er an jedem Finger einen Ring trug. Und Starr leitet sich von seinem Geburtsnamen Starkey ab. Meine Frau zeigt mir den Daumen und lächelt, meine Söhne zeigen keine besondere Regung, wie das in diesem Alter nicht unüblich ist, aber immerhin sind sie noch immer nicht mit ihren Handys zugange. Ob aus echtem Interesse oder weil sie mich nicht enttäuschen wollen, weiß ich nicht.

Ich denke noch ein bisschen darüber nach, dass doch eigentlich erst der Name Ringo die Auflistung der vier Vornamen wirklich einzigartig macht. John, Paul, George und Richard, das könnten auch Trapez-Artisten sein, aber mit Ringo am Ende sind sie unverkennbar. Außerdem ergibt es einen feinen Rhythmus: dreimal eine Silbe, am Ende zwei. Da sind Musikhistoriker bisher drüber hinweggegangen, so viel ich weiß.

Steve parkt in der High Park Street gegenüber von einem Haus, das mir bekannt vorkommt, aber davon will er erst mal nichts hören. Wir gehen ein paar Meter die Straße runter, biegen nach rechts und stehen nach ein paar Metern vor einem Gitterzaun, denn in der Madryn Street wird gebaut. Die niedrigen Working Class Homes wurden allesamt entkernt und werden jetzt modernisiert. Steve deutet auf das fünfte Haus auf der linken Seite. Da ist der kleine Richard geboren. Oder jedenfalls hat er da als Baby und Kleinkind gewohnt. Der sehr niedrige Fenstersims im Parterre ist extrem unregelmäßig geformt, was daran liegt, dass hier immer wieder Fans kleine Stücke rausgehauen oder wenigstens ein bisschen Staub abgekratzt haben.

Steve fragt mich, ob ich an Schicksal glaube, und aus Versehen dichtet er dabei: »Do you believe in fate, mate?« Wir müssen lachen. Schicksal? Ich weiß nicht. Steve aber ist sich ganz sicher. Ringo hatte als Kind Tuberkulose und deshalb Jahre in Krankenhäusern verbracht, und da habe man ihm eine Trommel gegeben, von der er nicht mehr lassen konnte. Wäre er nicht krank geworden, hätte er vielleicht nie mit dem Schlagzeugspielen angefangen.

»Fate«, beharrt Steve.

»Yes, mate«, reime ich noch mal, weil es schön ist, wenn wir uns einig sind. Außerdem denke ich noch mal an die Plakette mit dem Spruch »This is not here«. Ist ja vielleicht doch was dran, an diesem Schicksalsding.

Als wir uns umdrehen, um zurück zur High Park Street zu gehen, laufen wir in eine Gruppe von Radfahrern, die die Beatles-Orte der Stadt auf Fahrrädern abklappern. Vorne an der High Park Street parkt mittlerweile ein quietschbunt angemaltes Sightseeing-Taxi namens »Dear Prudence«. Der Guide, dem das gehört, trägt Pullover und Jacke, wird aber von Steve trotzdem freundlich gegrüßt. Die Betreiber des Beatles-Business kennen sich untereinander.

Zum ersten, aber nicht zum letzten Mal geht mir durch den Kopf, dass ich mit dieser Taxifahrt die Zu-Tode-Kommerzialisierung des Fab-Four-Mythos aktiv unterstütze. Gleichzeitig kann ich mich von diesem leichten Gefühl der Ergriffenheit, auf denselben Straßen wie John, Paul, George und Ringo zu wandeln, nicht ganz freimachen.

Auf der High Park Street fällt mir dann auch wieder ein, woher ich das Haus kenne, dem gegenüber Steve geparkt hat. Es ist der Pub *The Empress,* der das Cover von Ringos erstem Soloalbum ziert, *Sentimental Journey* von 1970, auf dem er einige Lieblingslieder seiner Mutter eingesungen hat. Das Gebäude sieht noch genauso aus wie auf der Plattenhülle, und das verschafft mir ein sehr reales Zeitreise-Gefühl.

Während Steve erzählt, dass Ringos Mutter in *The Empress* gearbeitet hat, beobachte ich meine Söhne. Der ältere betrachtet das Haus offenbar mit ehrlichem Interesse. LK Geschichte, Einser-Kandidat. Der jüngere grinst mich an. Zumindest steckt er sich nicht den Finger in den Hals, denke ich.

Ringos Eltern trennten sich, als er drei Jahre alt war, und er zog mit seiner Mutter in das Haus Nummer 10 im Admiral Grove, der Straße, die gleich neben *The Empress* von der High Park Street abzweigt.

Es sind nur ein paar Schritte bis zu dem schmalen weißen Haus, bei dem Türsturz, Simse und das Fallrohr in Pink gehalten sind. Das Haus steht leer, man kann durch ein Fenster hineinschauen, die Räume sind sehr klein und niedrig, die Toilette war seinerzeit hinterm Haus in einem Schuppen. Mit Losbrechen der Beatlemania wurde auch dieses Haus ständig von durchgeknallten Fans belagert. Eines Nachts im Jahre 1965 schlurfte Ringos Mum Elsie Starkey schlaftrunken zum Abort, öffnete die Tür – und blickte in sechs fremde Augen. Drei junge Mädchen hatten sich hier eingeschlichen, um sich anzusehen, wo Ringo früher seine Notdurft verrichtet hatte. Ein paar Stunden später rief Elsie ihren mittlerweile überaus solventen Sohn an und forderte ein neues Haus. So erzählt es der allwissende Steve.

Schön zu hören, dass auch Ringo seine Verehrerinnen hatte, ist er doch oft nicht so richtig ernst genommen worden, weder als Drummer noch als Sänger oder Songwriter. Na gut, stimmlich und kompositorisch spielt er nun wirklich nicht ganz vorne mit, aber nach der Trennung der Beatles galt er ein paar Jahre kommerziell als der erfolgreichste, nicht zuletzt wegen der wunderbaren Platte *Ringo* von 1973, auf der alle vier Beatles mitspielen, wenn auch nicht zur selben Zeit. Auf der Lennon-Komposition *I'm the Greatest,* welche die Platte eröffnet, spielte Klaus Voormann, der alte Kumpel aus Hamburg-Tagen, Bass und Billy Preston Orgel. Angeblich soll diese Konstellation nach McCartneys Ausstieg mal als neue Beatles-Besetzung angedacht worden sein. Haben jedenfalls Carr und Tyler in ihrem Buch seinerzeit behauptet. Klaus Voormann war es auch, der das aufwendige Booklet zu Ringo gestaltete, jeder Song illustriert durch eine sehr schöne Schwarz-Weiß-Zeichnung.

Als 2008 Liverpool sein Jahr als europäische Kulturhauptstadt unter Ringos Beteiligung feierlich einläutete, wurde er in einem Radiointerview gefragt, was er an der Stadt vermisse, und da ihm nichts einfiel, sagte er auch genau das. Das war zumindest unklug. Seitdem wurde bei einer aus Hecken oder Büschen geschnittenen, aufwendig kultivierten Skulptur der Beatles vor dem South-Parkway-Bahnhof die Figur des Schlagzeugers immer wieder von einem bisher unbekannten Vandalen im wahrsten Sinne des Wortes einen Kopf kürzer gemacht. Irgendwann hat man aufgehört, den Kopf zu ersetzen.

»PENNY LANE HABE ICH ZUERST IN DER PENNY LANE GEHÖRT«

Nachster Halt: Penny Lane. Jetzt geht es ans Eingemachte: Songschauplätze. Wir biegen vom Westen her in die legendäre Straße ein, die ursprünglich nach einem Sklavenhändler namens James Penny benannt wurde. Vor einigen Jahren forderte eine Lokalpolitikerin, den Namen zu ändern. Normalerweise finde ich es gut und richtig, solche Namensänderungen vorzunehmen, weil an Leute, die mit

Menschen gehandelt haben, nicht ehrend erinnert werden sollte, aber hier ist es ja komplett umgedeutet und mit einer neuen, positiven Bedeutung aufgeladen worden. Man kann sich schlechterdings kaum etwas Menschenfreundlicheres vorstellen als diesen Song.

Steve zeigt uns zuerst das Straßenschild am Anfang der Straße. Das steht nämlich nicht, wie so viele andere hier in Liverpool, auf dem Boden in einer Halterung aus zwei Metallpfählen, sondern wurde irgendwann ziemlich hoch an die Wand des Eckhauses gemalt, weil das andere Teil immer wieder geklaut worden war.

Wir fahren die Lane runter zum Shelter in der Middle vom Roundabout, der ziemlich verlassen aussieht. In einer nachträglich draufgesetzten, aber auch nicht mehr sonderlich frisch aussehenden Rotunde kündet ein beschädigter Schriftzug davon, dass hier mal ein *Sgt. Pepper's Café* untergebracht war, das es aber auch nicht mehr gibt. Merkwürdig, denke ich, das müsste doch eine Goldgrube sein.

Steve parkt direkt vor dem ehemaligen Geldinstitut, wo seinerzeit der Banker mit dem Motorcar, der auch im pouring Rain keinen Mac trug, weshalb die

Children behind his back so laughen mussten, gearbeitet hat. In der Fassade sieht man noch die Stellen, wo früher die Cash Machines gewesen sind. Cash Maschines in den Sechzigern? Doch, doch, meint Steve, die habe es da absolut schon gegeben. In Bochum nicht, denke ich.

Und dann geht es hinein zu dem Barber, der Photographs zeigt von allen Heads, die er die Pleasure zu kennen gehabt hat. Der Laden gehört Tony Slavin und ist heute – ein ganz normaler Barber Shop. Na gut, nicht wirklich normal, denn an den Wänden hängen Fotos von den Beatles, zum Teil, wie sie sich gegenseitig die Haare schneiden. Aber es sitzen eben ganz normale Kunden hier, die sich frisieren lassen.

Mein älterer Sohn beugt sich zu mir und sagt: »Ich könnte nicht da sitzen und mir die Haare schneiden lassen, wahrend ständig Leute reinkommen und sich umgucken.«

»Ach, die nehmen das mit nordenglischer Gelassenheit«, antworte ich. »Die wissen, worauf sie sich einlassen, wenn sie herkommen. Mich würde das auch nicht stören.«

Er grinst mich an. »Wann warst du denn das letzte Mal beim Friseur?«

Manchmal wünscht man sich die Zeiten zurück, in denen die Kinder ihre Eltern noch siezen mussten.

Eintritt kostet das hier natürlich nicht, aber auf einer kleinen Kommode steht eine kleine metallene Schatztruhe mit einem Schlitz im Deckel, und meine Frau wirft ein paar Münzen hinein, was Steve sehr wohlwollend zur Kenntnis nimmt.

Als wir wieder draußen unter den suburban Skies stehen, über die Wolken in unterschiedlichen Grautönen hintereinander herjagen, während zwischendrin kleine Fetzen Blau zu sehen sind, weist Steve auf die St. Barnabas Church jenseits der großen Kreuzung. Da habe Michael McCartney 1982 geheiratet. Er habe sich sehr gefreut, dass sein berühmter Bruder Paul der Trauung beigewohnt habe, nicht aber, dass der auch noch die Presse eingeweiht hatte, was die Hochzeit nicht zu der erhofften Feier im engsten Familienkreis, sondern zu einem öffentlichen Event machte. Steve schüttelt den Kopf, als sei das gestern gewesen und als habe er Paul vorher noch gewarnt.

Wir steigen wieder ins Taxi, und Steve fragt, wie oft ich in meinem Leben bisher *Penny Lane* gehört hätte. Keine Ahnung, vielleicht tausendmal? »Now you will hear it for the first time!« Und er hat mal wieder nicht unrecht. Noch im Roundabout hören wir die ersten Takte, und da ich durchaus empfänglich für solche Momente bin, steigt echte Rührung in mir auf. Auch ob der Tatsache, dass meine beiden Söhne immer werden sagen können: »*Penny Lane* von den Beatles? Das habe ich zuerst in der Penny Lane gehört!«

Eigentlich ist das ein viel zu billiger Effekt, aber meine Frau und ich sehen uns an und sind uns einig, dass es uns dann doch ein bisschen berührt. Der Blick des Zweitgeborenen geht von Mutter zu Vater und wieder zurück. Was denkt der jetzt?, denke ich. Man wird nicht schlau aus pubertierenden Gesichtern.

DAS SKELETT ODER: ALLE DINGE MÜSSEN VERGEHEN

Als Nächstes geht es zur Macket's Lane, einer ziemlich breiten Straße, in der George Harrison beziehungsweise seine Eltern bis 1965 gelebt haben. Steve lässt durchblicken, dass George nach John sein Lieblingsbeatle ist. Paul, den alten Weddingcrasher, respektiert er, aber Ringo hat er gefressen. Ich frage mich, ob Steve im Besitz einer Heckenschere ist.

Das Haus ist eines dieser üblichen etwas moderneren Reihenhäuser, moderner jedenfalls als das Haus, in dem Ringo aufgewachsen ist. In der Einfahrt neben dem Haus steht ein blauer Wagen, und darin sitzt: der letzte Beatles-Fan. Sagt Steve. Wir sehen: ein Skelett. Auch in dem auf der Straße vor dem Haus parkenden anderen, ebenfalls blauen Auto sitzt eines. Der andere letzte Beatles-Fan. Offensichtlich hat die heutige Besitzerin des Hauses einen in England nicht ganz unüblichen schrägen Humor. Wohnt im Haus eines verstorbenen Beatles und fährt mit einem Skelett durch die Gegend.

Steve zeigt uns Bilder aus seiner dicken Klarsichthüllen-Mappe, welche die Eltern von George Harrison beim Beantworten von Fanpost zeigen. Tatsächlich sollen sie die Geburtstagswünsche für George mindestens bis Mitte der Sechziger allesamt persönlich beantwortet haben. Manchmal setzte sich George dazu und antwortete den Mädchen, die Fotos beigelegt hatten und die ihm gefielen, selbst. Steve grinst: »The quiet ones are always the worst!«

George hatte nach gängiger Meinung mit dem Model Pattie Boyd das schönste Mädchen aller Beatles abbekommen. Und sie ist die Frau, über die Eric

Clapton später den Song *Wonderful Tonight* schreiben sollte. Pattie war erst mit George zusammen, pendelte dann zwischen ihm und Eric und wechselte endgültig die Seiten, als George eine Affäre mit Ringos Frau Maureen hatte. Erstaunlicherweise schadete das weder Georges Freundschaft zu Ringo noch der zu Clapton.

Auf der Fahrt zur nächsten Station unseres Trips schwärmt Steve ein bisschen von George Harrison, der ja die erfolgreichste Solo-Platte eines Beatles gemacht habe, *All Things Must Pass* nämlich, und ob ich die denn kenne. Hat er das jetzt wirklich gefragt? »I taught myself to play *My Sweet Lord* on the guitar!«, haue ich jetzt mal raus, auch wenn das nicht ganz stimmt. Ich habe es mir zeigen lassen und dann viel geübt.

George Harrison, erinnere ich mich jetzt, war der Lieblingsbeatle meines Jugendfreundes Uwe K., der Torwart der Handballmannschaft war, in der ich während der C-, B- und A-Jugend beim VfL Bochum spielte. Damals gab es in der ARD die Quizsendung *Alles oder Nichts* mit Günther Schramm, und eines Abends waren die Beatles als Thema dran. Die Folge hatte ich aber verpasst. Im Gegensatz zu Uwe. Der hatte die Sendung mit dem Kassettenrekorder aufgenommen und spielte sie mir am nächsten Tag vor. Nach jeder der insgesamt zwanzig Fragen zu den Fab Four drückte er auf Pause. Ich konnte neunzehn Fragen aus dem Stand richtig beantworten und bin kurz davor, das Steve zu erzählen, aber was will ich damit beweisen? Dass ich früher mal ganz viel gewusst habe? Oder dass ich heute auch noch ganz viel weiß, Steve aber manchmal die falschen Fragen stellt?

Wir finden eine gemeinsame Ebene, indem wir uns einig zeigen, dass *All Things Must Pass* eine der allerbesten Platten aus dem Beatles-Universum ist, und während ich das sage, meine ich mich zu erinnern, dass Uwes Lieblingssong *Apple Scruffs* war. Ich dachte damals immer, dass Scruffs so etwas wie Apfelstücke waren, vielleicht auch der im Ruhrgebiet *Kitsche* genannte Rest, das Kerngehäuse, tatsächlich aber waren damit vor allem weibliche Beatles-Fans gemeint, die in London den Firmensitz von Apple Corps oder die Abbey Road Studios belagerten, um John, Paul, George oder Ringo zu begegnen. Scruffy heißt so viel wie ungepflegt, und natürlich konnte man etwas derangiert aussehen, wenn man Tag und Nacht auf der Straße vor einem Aufnahmestudio herumlungerte.

Mein Favorit auf *All Things Must Pass* war neben der Harrison-Dylan-Kollaboration *I'd Have You Anytime* und dem in zwei Versionen gelieferten *Isn't It a Pity* das mitreißende *What is Life.* George hatte beim Singen die Angewohnheit, ein Wort wie *there* auf ganz eigene Art zu singen, es klang immer ein bisschen wie *thöhr,* aber bevor ich Steve danach fragen kann, ob das eine Liverpooler Eigenart ist, biegen wir in die Church Road im Stadtteil Woolton ein, und ich lasse ab. Jetzt wird es nämlich richtig ernst.

THE QUARRYMEN FEAT. BUZZ LIGHTYEAR

Minuten später stehen wir auf heiligem Grund. St. Peters Church im Stadtteil Woolton. Hier begegneten sich John Winston Lennon und James Paul McCartney zum ersten Mal. Alle wissen es, aber ich schreibe es trotzdem noch mal auf, denn sehet und höret, ich bin da gewesen, und ich war ergriffen: John Lennon spielte mit seiner Band The Quarrymen am Nachmittag des sechsten Tages im siebten Monat im Jahre des Herrn 1957 in einem karierten Hemd, die Gitarre an einem schlichten Strick über die Schulter gehängt, im Garten der oben erwähnten Kirche, und dort hat Paul

McCartney ihn zum ersten Mal gesehen. Steve erklärt uns, wie es hier früher ausgesehen hat, und zeigt uns den genauen Standort der Bühne. Meine Unterarmbehaarung versucht, durch die Jacke ins Freie zu gelangen.

Nach dem Auftritt begab sich die Band ins Gemeindehaus auf der anderen Straßenseite, und da gehen wir jetzt auch hin. Unterwegs bekommen wir noch Grabsteine gezeigt, zum Beispiel jenen auf der Gruft von John Rigby, der dieses Leben am 4. Oktober 1915 im Alter von zweiundsiebzig Jahren verließ, seiner Frau Frances und ihrer Enkelin Eleanor Rigby, die am 10. Oktober 1939 verstarb. Und als wollte er beweisen, dass ich nicht der Einzige mit einer Vorliebe für gewagte Bezüge bin, fügt Steve hinzu, das sei exakt ein Jahr und einen Tag bevor John Winston Lennon auf diesem Erdenrund erschien. Na gut, Paul McCartney, der das Lied zum allergrößten Teil geschrieben hat, meinte in einem Interview 1984, den Namen Rigby habe er über einem Laden in Bristol gelesen und Eleanor spiele an auf die Schauspielerin Eleanor Bron, die im Film *Help* mitgespielt habe, aber herrje, Päule, das ist doch Blödsinn! Meint auch Steve, für den es völlig klar ist, dass John und

Paul oft stundenlang auf diesem Friedhof herumgehangen und dabei all die *lonely people* beobachtet haben, die zu den Gräbern ihrer Lieben gingen, denn Menschen auf dem Friedhof seien doch immer einsam, also er, Steve, gehe zum Grab seiner Eltern immer nur alleine. Fast will ich entgegnen, dass wir das immer gemeinsam tun, aber der Friedhof, Eleanor Rigbys Grab, die *lonely people,* die Wiese hinter der Kirche und Steves Begeisterung – das passt alles zu gut.

Der zweite Grabstein, den Steve uns zeigt, hält den Namen John McKenzie für uns bereit, und laut Steve kann das nur Father McKenzie sein, der ebenfalls in Eleanor Rigby vorkommt, der Priester, der nachts seine Socken stopft und eine Predigt schreibt, die niemand hören wird. »Because he was no priest!«, meint Steve.

Der gängigen Legende nach hatte Paul erst »Father McCartney« singen wollen, was ihm aber doch zu nah an seinem Dad war, sodass er den Namen schließlich aus einem Telefonbuch herausgesucht habe. Steve hält das für Unsinn. Paul habe den Namen von diesem Grabstein, das müsse als erwiesen angesehen werden.

Wir überqueren die Straße, um zum Gemeindehaus hinüberzugehen, wo in einem Fenster die beliebte *Toy-Story*-Figur Buzz Lightyear steht und ein Banner mit der Aufschrift *Praise the Lord* in die Höhe hält – ein willkommener Anknüpfungspunkt für meine Söhne, denen Buzz Lightyear sehr viel vertrauter ist als die Fab Four. Sie fotografieren die Figur und schicken sie an ihre Freunde. Es ist das erste Mal, dass sie heute etwas fotografieren, und ich frage meine Frau, ob ich enttäuscht sein soll.

»Ach was! Wieso sollten sie irgendein altes Wohnhaus fotografieren oder Grabsteine vor einer Kirche!«

Ja, wieso? Und wieso mache ich das, denke ich? Nur weil ich dieses Buch schreibe?

Steve meint offenbar, es sei wieder Zeit für einen Test, und fragt mich, ob ich denn wisse, wer genau John und Paul einander vorgestellt habe? Verdammt, bei diesen Details erwischt er mich wieder auf dem falschen Fuß. Ich fühle mich an meine mündliche Abiturprüfung in Biologie erinnert, die ich mit zwei abschloss. Also mit zwei Punkten. Ich haue mal den Namen Pete Shotton raus. Steve reißt sich zusammen, um nicht laut rauszulachen. Ist natürlich Quatsch, Shotton spielte bei den Quarrymen das Waschbrett.

Ivan Vaughan war es, ein Freund sowohl von John Lennon als auch von Paul McCartney, mit dem er das Liverpool Institute besuchte.

In dem Gemeindehaus, vor dem wir jetzt stehen, beeindruckte Paul den fast zwei Jahre älteren John damit, dass er Eddy Cochrans *Twenty Flight Rock* und Gene Vincents *Be-Bop-A-Lula* fehlerfrei spielen konnte und zudem die kompletten Texte draufhatte. Dann spielten die Quarrymen um acht Uhr abends ihr zweites Set. Und es gehört zu den unbestreitbaren Segnungen des Internets, dass es heute bei Youtube tatsächlich eine Aufnahme von diesem Tag gibt! Ein gewisser Bob Molyneux hat offenbar mit einem tragbaren Grundig TK 8 und einem Mikrofon, das er in der Hand hielt, einige Stücke aufgenommen, die The Quarrymen hier gespielt haben. Die Aufnahme ist – natürlich – schlecht, aber verdammt noch mal, das klingt wirklich sehr nach John Lennon! Mark Lewisohn, der das Standardwerk über sämtliche Aufnahmesessions der Beatles geschrieben hat, hält es für authentisch. John Lennon an dem Tag, an dem er Paul McCartney kennenlernte! Singt *Baby Let's Play House.* Mit McCartney im Publikum! Und wir können das hören! Ich bin kein Esoteriker, aber das macht mich fertig!

Steve knipst uns vor der Plakette, die an dem Haus angebracht ist, um an die historische Begegnung zu erinnern, und zwar unter Verwendung eines Zitates von John Lennon: »That was the day, the day I met Paul, that it started moving.«

Und Buzz Lightyear steht im Fenster und passt auf.

NEUN ERDBEEREN

Die Fahrt zur nächsten Station nutzt Steve für ein längeres Referat über seinen erklärten Lieblingsbeatle John Lennon und dessen tragische Kindheit und Jugend. Für Steve steht fest: »The only time he was happy, mate, was here, in Strawberry Field.«

Wir parken in einer Seitenstraße, und Steve erzählt, hier seien früher lauter Erdbeerfelder gewesen und mittendrin dieses Kinderheim, das den Titel abgab für einen der komplexesten, besten Songs der Beatles. Wir bleiben ein paar Minuten neben dem Wagen stehen, denn vor dem weltberühmten roten Gitter zwischen den beiden Säulen mit der Aufschrift »Strawberry Field« (das Plural-s hat John Lennon eigenmächtig hinzugefügt) ist noch eine andere Touristengruppe zugange. Irgendwann gehen wir aber doch rüber, um so eine Art sanften Druck aufzubauen, schließlich gehört dieser Ort uns allen, und irgendwann ist auch mal gut, wieso müsst ihr siebenundvierzig Selfies machen, wenn eines auch reicht?

Kaum auf der anderen Straßenseite angekommen, drückt einer aus der Reisegruppe, die offenbar ohne Guide unterwegs ist, Steve erst mal ein Smartphone in die Hand und bittet ihn, sie zu knipsen, was Steve natürlich sofort erledigt, in der Hoffnung, dass die sich dann endlich auf die Socken machen, stattdessen aber schart sich das gute Dutzend Leute erst mal um das Telefon, um die Qualität des Fotos zu überprüfen. Steve zeigt uns in der Zwischenzeit ein Bild von dem alten Waisenhaus, das früher hier gestanden hat, und fragt uns, ob uns dieses Haus an irgendetwas erinnert. Ich habe das Gefühl, ich könnte jetzt richtig Punkte machen, wenn ich die richtige Antwort gebe, aber ich komme einfach nicht drauf.

Steve fragt: »Have you ever been to New York?«

Wir bejahen.

»And have you been to the Dakota Building?«

Steve hält wortlos ein Foto des Dakota neben das von Strawberry Field. Die Ähnlichkeit ist in der Tat frappierend. Ob ich denn wisse, was John gesagt habe, als er ins Dakota einzog?

»Du, Steve, ich habe zwar damals beim Umzug geholfen, aber das weiß ich leider nicht mehr. Wahrscheinlich habe ich da gerade den Kartoffelsalat aus dem Ford Transit geholt.« Sage ich natürlich nicht, denke ich nur.

»›I'm home‹, he said.« Steve ist den Tränen nahe. Das dauert vielleicht zwei Sekunden, dann lenkt er unsere Aufmerksamkeit auf das rote reich verzierte Tor, welches das Grundstück, auf dem gerade gebaut wird, begrenzt. Erdbeeren sind hier dargestellt, in Kreisen angeordnet oder sich an Verstrebungen anschmiegend. Auch die Spieße oben bestehen aus stählernen Erdbeeren. »What do you think, how many strawberries are up there?«

Ich zähle nach: Es sind neun. Und die Zahl Neun, die war magisch für John Lennon. Worauf er selber öfter hingewiesen hat.

Seine Mutter lebte in der Newcastle Road Nummer 9, er wurde am 9. Oktober geboren, und zwar um 6:30 Uhr. Sechs plus drei plus null ergibt neun. Man könnte natürlich auch sagen, na ja, sechs plus dreißig ergibt sechsunddreißig, aber das ist dann eben glatt durch neun teilbar. Der Straßenname *Newcastle* hat übrigens wie viele Buchstaben? Genauso viele wie *Liverpool.* Neun, falls jemand nicht nachzählen möchte.

Der Wagen, mit dem Lennons Mutter überfahren wurde, soll die Autonummer KLF 630 gehabt haben, was nicht nur in der Quersumme wieder neun ergibt, sondern auch noch Johns Geburtszeit wiederholt. Außerdem hatte der betrunkene Polizist außer Dienst, der den Wagen fuhr, angeblich die Dienstnummer 126. Eins plus zwei plus sechs ergibt neun. Wie hieß es früher in den *Gespenster-Geschichten:* »Seltsam? Aber so steht es geschrieben!«

John Lennon besuchte später das Liverpool Arts College, und um dort hinzukommen, nahm er den Bus der Linie 72: Quersumme neun. Ihr Manager Brian Epstein sah die Beatles zum ersten Mal am Mittag des 9. November 1961.

Die Neun findet sich auch in einigen Songs: *One After 909* etwa, der zwar erst auf *Let It Be* erschien, aber schon 1963 entstand. Am auffälligsten ist die Verwendung in der Sound-Collage *Revolution 9,* mit der ständig sich wiederholenden Ansage »Number nine, number nine, number nine«. Oder auch in *#9 Dream* auf Lennons Solo-LP *Walls and Bridges,* deren Cover eine Kinderzeichnung von John Lennon ziert, auf der ein Fußballer die Nummer neun trägt.

Und es existieren noch Handschriften von Songtexten, in denen man sieht, dass Lennon bisweilen die Angewohnheit hatte, das »I« für »Ich« wie eine Neun zu schreiben. *Mother* ist da ein Beispiel, aber auch *Watching the Wheels* oder *Woman.*

Steve hat noch ein paar Beispiele auf Lager. Der legendäre Auftritt der Beatles in der Ed Sullivan Show 1964 fand am 9. Februar statt. (Nebenbei der neunzehnte Geburtstag meiner Mutter, wovon aber wohl weder die Beatles noch Ed Sullivan gewusst haben.)

Der Eingang des Dakota liegt in der 72. Straße. John und Yoko bewohnten Appartment 72 – gleich zweimal Quersumme neun! Als Mark Chapman am Abend des 8. Dezember 1980 auf Lennon schoss, war in Liverpool schon der neunte.

»And Mark David Chapman emptied the whole magazine«, sagt Steve und lässt bedeutungsschwer etwas im Raum stehen.

»Nine Bullets?«, frage ich.

Steve wiederholt nur: »He emptied the whole magazine.«

Später recherchiere ich die Waffe, und in die passten nur fünf Kugeln. Fünf Kugeln, von denen vier trafen. Fünf plus vier ergibt? Genau! Überdies war Chapman im YMCA an der 63. Straße abgestiegen. It's the Quersumme, stupid!

Schwer verletzt wurde John Lennon ins Roosevelt Hospital an der neunten Avenue gebracht. Und Roosevelt hat neun Buchstaben.

Diese Aufzählung erhebt keinen Anspruch auf Vollständigkeit.

Aber zurück zum Tor von Strawberry Field. Zahllose Leute haben auf dem Tor ihre Unterschrift hinterlassen, aber Steve findet eine Stelle, auf der ich mich noch verewigen soll. Ich hätte aber nichts zu schreiben, versuche ich mich aus der Affäre zu ziehen, denn irgendwie ist das doch albern, oder? Steve reicht mir einen dicken schwarzen wasserfesten Filzstift und putzt mit dem Finger noch die Stelle auf einem der Bogen in der Mitte des Tores, die sich zu Erdbeerblumen formen, sauber. Es gibt kein Entkommen. Ich weiß nicht, wieso, aber ich unterschreibe exakt so, wie auf meiner ec-Karte, also nur mit dem Anfangsbuchstaben meines Vornamens und dann dem ganzen Nachnamen.

Ja, diese blöden Touri-Sachen: Auf der einen Seite tue ich immer so, als sei mir das unangenehm, doch ein Teil von mir findet es auch toll, dass da jetzt mein Name steht. Jedenfalls, bis das Tor das nächste Mal gestrichen wird.

Wir steigen wieder ins Taxi, während »Dear Prudence« vorfährt und das uns schon bekannte Pärchen aussteigt. Natürlich spielt Steve jetzt *Strawberry Fields Forever,* und auch hier können meine Jungs jetzt sagen: »*Strawberry Fields Forever* habe ich zum ersten Mal direkt vor Strawberry Field gehört.« Und sie werden wissen, dass der Ort den Singular fordert, der Song aber die Mehrzahl. Ich hole mein Telefon hervor und will ein Video drehen, wie wir an Strawberry Field vorbeifahren, während im Hintergrund *Strawberry Fields Forever* läuft. Das sieht gut aus, denke ich, das wird super, das wird elegant, ich bin ganz euphorisch. Jedenfalls, bis mein Sohn sagt: »Du weißt, dass du nur ein Foto gemacht hast?« Verdammt, ich hätte auf Video stellen müssen!

MENLOVE AVENUE

Die Fahrt ist kurz, denn die Beaconsfield Road, in der Strawberry Field liegt, stößt schon nach etwa hundert Metern auf die Menlove Avenue. Wir biegen links ab und halten nach weiteren 500 Metern vor der Nummer 251. Da es in England nicht unüblich ist, auch gewöhnlichen Wohnhäusern Namen zu geben, heißt das Haus, in dem John Lennon ab 1946 aufgewachsen ist, *Mendips,* benannt nach den Mendips Hills in der Nähe von Bristol und Bath. Welche Bedeutung diese Hügel für seine Tante und seinen Onkel gehabt haben, entzieht sich meiner Kenntnis, und bevor ich Steve danach fragen kann (der es ganz sicher weiß und wahrscheinlich sogar Gras von diesen Hügeln zu Hause auf dem Fensterbrett hat), muss ich an den Film denken, den ich erst neulich gesehen habe, *Nowhere Boy,* von dessen scheußlichem deutschem Untertitel *Als John Lennon ein Junge war* man sich nicht abschrecken lassen sollte. Auch wenn echte Nerds die eine oder andere Unstimmigkeit finden werden, beschreibt der Streifen doch sehr eindrucksvoll, woher der Zorn und die Traurigkeit rührten, die John Lennon sein ganzes Leben begleiteten, hin-

und hergerissen zwischen der Stabilität bietenden, aber letztlich kalten Tante Mimi und der mal aufgedrehten und witzigen, Konventionen sprengenden Mutter, bei der er praktisch Narrenfreiheit hatte, die aber auch keine echte Verantwortung für ihn übernahm.

Ich spreche Steve auf den Film an. Natürlich kennt er ihn. Wie er ihn findet? »John Lennon never wore glasses in public before he was famous!« Ja, stimmt, diese Ungenauigkeit ist mir auch aufgefallen. Im Film erinnert ihn Mimi immer wieder daran, dass er die Brille aufsetzen muss, weil er sonst blind ist wie ein Maulwurf, und er tut es dann auch und bezeichnet sie einem Freund gegenüber als seine Reminiszenz an Buddy Holly. Tatsächlich schämte er sich wohl dafür oder fand sie uncool. Irgendwo habe ich gelesen, dass er mal mit Freunden in einem Kino einen erotischen Film gesehen hat und praktisch nichts erkennen konnte, sodass er dann doch widerwillig seine Brille hervorholen musste. Aber herrje, es ist ein Film und keine Klassenarbeit.

Steve erzählt, dass Mimi es hasste, wenn John zu Hause Musik machte, also haben er und Paul McCartney sich mit ihren Gitarren in den winzigen

Windfang gequetscht und dabei herausgefunden, dass dort die Akustik sowieso sehr viel besser war.

Mittlerweile gehört auch *Mendips* dem *National Trust for Places of Historic Interest or Natural Beauty,* der ursprünglich das Haus nicht hatte übernehmen wollen, und zwar mit der Begründung, hier seien keine Beatles-Lieder komponiert worden, was im Nachhinein mehr als seltsam anmutet. Es war dann keine andere als Yoko Ono, die 2002 das Haus, nachdem sie es von den Erben des verstorbenen Besitzers erworben hatte, dem *National Trust* schenkte. Sie habe das Vierfache von dem bezahlt, was das Haus wert gewesen sei, behauptet Steve. Im Internet findet sich die Information, Yoko habe 150 000 Pfund Sterling hingeblättert. Meine Kenntnisse des englischen Immobilienmarktes im Jahr 2002 sind eher übersichtlich, sodass ich das mit dem Vierfachen des tatsächlichen Wertes nicht überprüfen kann, aber ich freue mich, dass Yoko auch mal was gemacht hat, das vor Steve Gnade findet. Vielleicht hat sie John doch wenigstens ein kleines bisschen »geluffed«, oder, Steve? Na ja, das denke ich mal wieder nur.

Steve holt seine dicke Mappe hervor und zeigt uns zwei Fotos. Das eine zeigt John Lennon als Kind zusammen mit seiner Tante Mimi, die ihn an der Hand hält, und zwar, wie Steve findet, wie eine »Beute«. Da sei keine Liebe auf diesem Bild. Dann blättert er um zu dem Foto, das John mit seinem Onkel George zeigt, Mimis Ehemann, der ein stiller, aber sehr warmherziger Mann gewesen sein soll und dem kleinen John das Lesen ebenso beibrachte wie das Lösen von Kreuzworträtseln und ihm seine erste Mundharmonika schenkte. Passenderweise lautete der vollständige Name von Johns Onkel George Toogood Smith. Fatalistisch betrachtet war er zu gut für die Welt von John Lennon. Er starb schon am 5. Juni 1955 an einer Leberblutung. Der Vater weg, der Vaterersatz viel zu früh gestorben, die Mutter labil und ebenfalls tot, bevor ihr Sohn achtzehn war – da ist es nur ein kurzer Weg zu Titeln wie *Happiness Is a Warm Gun.* Und, andererseits, zu *Julia.*

Wir steigen wieder ins Auto, und Steve lässt *Mother* laufen, von John Lennons erster Solo-LP nach dem Ende der Beatles, *Plastic Ono Band.* Das ist jetzt ein komischer Moment. Ich kann diese Nummer, obwohl ich sie natürlich immer noch weitgehend auswendig kenne, nicht mitsingen, denn das ist kein *Singalong Junk*, sondern härteste Trauerbewältigung.

Mother, you had me, but I never had you / I wanted you, you didn't want me! Oder *Father, you left me, but I never left you,* und alles gipfelt in der schier endlosen, zuerst gesungenen, dann herausgeschrienen Klage am Ende: *Mama don't go, daddy come home!* Das ist groß und ergreifend, aber nix zum Schunkeln. Steve blendet aus, bevor das Geschrei zu irritierend wird.

Es beginnt zu regnen. Trotzdem machen wir einen Umweg über die South Parkway Train Station, wo Ringo so oft geköpft wurde, dass man es einfach so gelassen hat. Vielleicht das Absurdeste, was wir heute sehen.

HELLO, I LOST MY LITTLE GIRL

Auf der Fahrt zur Forthlin Road, in der Paul McCartney aufgewachsen ist, teilweise jedenfalls, kommt die nächste Prüfungsfrage von Steve. Ob ich denn wisse, welches der erste Song war, den Paul McCartney jemals geschrieben hat. Das weiß ich. Also so gut wie. Es ist entweder *Hello Little Girl* oder *I Lost My Little Girl.* Die Nummer ist auf dem Unplugged-Album von 1991. Obwohl ich mir nicht hunderptrozentig sicher bin, sage ich voller Überzeugung: »It was *Hello Little Girl!*«

Steve zeigt sich once again amüsiert. Es war natürlich *I Lost My Little Girl.* Ich bin kurz versucht, in den Sicherheitsgurt zu beißen.

»*Hello Little Girl* was the first song John wrote«, sagt Steven. »See what I mean? One wrote *I Lost My Little Girl* and the other one *Hello Little Girl.* It's just fate! They were meant for each other!«

Steve und sein Schicksals-Ding!

Wir parken ein paar Meter weiter auf der gegenüberliegenden Straßenseite, und natürlich muss man jetzt an die Folge von Carpool Karaoke denken, in der Paul McCartney mit James Corden durch Liverpool fährt und *Penny Lane* singt und *Drive my Car* und *Let It Be.* Dann halten sie hier vor der Nummer 20 in der Forthlin Road, und Paul besichtigt sein altes Zuhause wie ein Tourist. Auf mich wirkt er dabei zu keinem Zeitpunkt wie einer, der da wirklich mal gewohnt hat und mit dem Haus prägende Erinnerungen verbindet. Ein bisschen ist es das Ein-Beatle-besucht-seine-alte-Heimat-Programm. Für die anderen ist es eine Messe, für den Beatle ein Tag auf der Arbeit. Laut Steve kommt Paul alle paar Monate hier vorbei, was ich mir kaum vorstellen kann.

Steve erzählt jetzt, dass, als die Familie 1955 hier

eingezogen sei, Paul freiwillig das kleinere der Zimmer im oberen Stockwerk nahm, obwohl ihm als älterem Bruder das größere gleichsam per Geburtsrecht zugestanden hätte. Das kleinere war aber näher an dem Fallrohr, das der junge Paul nutzte, um sich heimlich aus dem Haus zu stehlen. Steve zeigt uns auch ein Foto davon, das der jüngere Bruder Michael gemacht hat. Ich kann nicht anders, ich muss jetzt darauf hinweisen, dass Mike auch das Foto gemacht hat, das auf einem der besten McCartney-Soloalben überhaupt ist, *Chaos and Creation in the Backyard* von 2005 nämlich. Steve nickt nur, auch meine Familie sagt nichts. Papa hat mal wieder gesprochen, aber nichts gesagt.

Wir machen noch einige Fotos, diesmal auch mit Steve. Er wischt sich einen einsamen Regentropfen von der Glatze, und der Wind zerrt ein bisschen an seinem schwarzen Shirt. Später werde ich mir die Fotos ansehen und feststellen, dass Steve doch um einiges kleiner ist als ich, was mir während unseres Trips gar nicht auffällt.

Ein paar Meter weiter fotografieren sich ein junger Mann und eine junge Frau gegenseitig vor einem anderen Haus, das aber praktisch genauso aussieht wie das der Familie McCartney. Entweder wissen die was, was nicht mal Steve weiß, oder es ist ihnen egal, weil: Sieht ja eh alles gleich aus hier. Oder sie sind blöd.

Ich nehme mir ein paar Sekunden, um das zu tun, was ich vor den Häusern der anderen Beatles versäumt habe. Weil mir die Muße fehlte, weil das Dear-Prudence-Pärchen hinter uns war oder das Beatles-on-Bikes-Kommando oder weil es anfing zu regnen: Ich denke mir die modernen Autos weg und stelle mir vor, wie Paul McCartney die Straße hinunterhastet, um den Bus noch in seconds flat zu erwischen, nachdem er zu Hause den Comb around his head gedraggt hat. Ich mache mir mal so richtig klar, dass ich auf einem Stück Straßenpflaster stehe, das schon ein Beatle betreten hat, und frage mich, ob unter meinen Schuhen wohl noch seine DNA nachzuweisen wäre.

»Wenn es stimmt, dass Paul hier mehrmals im Jahr auftaucht«, sage ich zu meiner Frau, »müsste man hier einfach mit einem Schlafsack vor dem Haus campieren und abwarten.«

Sie wirft mir einen Blick zu, den sie sonst nur für Leute übrig hat, die den Klimawandel leugnen.

Wir steigen wieder in den Wagen, wo meine Jungs

schon warten. »Hello, I lost my little girl«, sage ich, weil ich dieses mutwillige Zusammentackern der ersten Songs von John und Paul witzig finde. Offensichtlich bin ich aber der Einzige.

THE DISSENTERS

Unsere letzte Station mit Steve ist das *Liverpool Institute for Performing Arts,* formerly known as *Liverpool Institute High School for Boys,* die frühere Schule von Paul McCartney – und Ivan »Der Kuppler« Vaughan. Auch die Kunsthochschule, die John Lennon und Stuart Sutcliffe besuchten, war im selben Gebäudekomplex untergebracht, ein wuchtiger Bau, dessen Vordach von klassizistischen Säulen gestützt wird.

Steve parkt in einer Seitenstraße und zeigt uns als Erstes die Skulptur »Suitcases« von John King. Wie zufällig an einem Bahnhof abgestellt und übereinandergeschichtet, stehen und liegen hier Reise- und Gitarrenkoffer aus Stein auf dem Gehweg, mit Namen von berühmten Liverpoolern versehen, die auf der Kunsthochschule oder dem alten Liverpool Institute waren. Deshalb sind John, Paul, George und Stuart Sutcliffe vertreten, nicht aber Ringo.

Steve gibt uns dann noch den Tipp, in die nächste Seitenstraße zu gehen, in dem sich der Pub *Ye Cracke* befindet, wo John und Stu seinerzeit gebechert haben. Dort würden wir auch Gemälde von Sutcliffe finden. Mit dem Taxi sei das ein bisschen kompliziert, weil er da einen Umweg fahren müsse, er hole uns dann da ab.

Also biegen wir in die schmale Rice Street ein, wo jemand an eine Ziegelsteinwand in pinkfarbener Schreibschrift *all you need is love* (in Kleinbuchstaben, ist ja Englisch) geschrieben hat. Das ist so sauber und gerade geschrieben, dass ich gleich die Stadtverwaltung in Verdacht habe, hier ein offizielles Graffito angebracht zu haben.

Ye Cracke – dazu muss ich erst mal sagen, dass ich das nicht richtig ausgesprochen bekomme. Steve hat es mir bestimmt drei Mal vorgesagt, aber ich bekomme es einfach nicht hin. Das *ck* geht schon in Richtung eines schwyzerdütschen *ch,* ganz rachig, und das *e* hinten klingt fast wie ein *i,* aber eben nur fast, ich kann es nicht wirklich beschreiben. Also gehen wir einfach in die Altestammkneipevonjohnundstu.

Ye Cracke ist ein kleines, zweistöckiges weißes Haus

mit schwarz gerahmten Fenstern und einer schwarzen Eingangstür mit Milchglasscheibe, auf der *Houldings, »Beacon«, Ales* geschrieben steht, untereinander, tatsächlich nur das Beacon in Anführungszeichen. Es sieht geschlossen aus, ist aber geöffnet. Innen ist es eine verwinkelte Kneipe mit viel Holz. Gleich im ersten Raum findet sich ein Gemälde von Stuart Sutcliffe, das fünf junge Männer zeigt. Einer der beiden rechts im Vordergrund hat seine Füße in eine Schüssel mit Wasser gestellt. Weiter hinten sitzen zwei am Tresen, die offenbar Stuart und John sein sollen. Ein Fünfter dreht uns den Rücken zu. Stilistisch erinnert das ein bisschen an den Kitchen Sink Realism eines John Bratby. (Ich wollte das eigentlich so stehen lassen, als hätte ich richtig Ahnung, aber meine Frau meint, ich sollte wohl doch besser zugeben, dass ich diesen Tipp von ihrer Schwester, einer promovierten Kunsthistorikerin, habe.)

Im zweiten Raum hängen Gemälde eines zeitgenössischen Künstlers, die meisten davon zeigen Beatles-Relevantes. Auf einem sieht man John Lennon als jungen Mann auf einer Bank sitzen, offenbar vor der Kunsthochschule, denn das Bild heißt »JOHN AT THE ART-SCHOOL«. Es sieht ein bisschen nach zehntem Schuljahr aus und soll 65 Pfund kosten. Im gleichen Stil hängt hier auch das Bild, auf dem John und Paul ganz in Weiß da sitzen und Gitarre spielen. Man kennt das von einem Foto, das während des Indien-Aufenthaltes der Beatles 1968 gemacht wurde. Daneben schlägt ein Porträt des FC-Liverpool-Stürmers Mo Salah den Bogen in die Gegenwart, während das nächste Bild das Cover von Bob Dylans Album *Highway 61 revisited* nachempfindet. Eine eigene Note sucht man hier vergebens. Merke: Es macht dich nicht zu einem großen Künstler, wenn du große Künstler abmalst.

Dann gibt es da noch einen zweiten Schankraum mit Zapfanlage, wo die Wirtin und ein einzelner Gast uns freundlich zulächeln und sagen, es sei kein Problem, wenn wir uns einfach nur umschauen.

Im größten Raum des Pubs erinnert eine Plakette an The Dissenters: *John Lennons other Band (which never played a note).* Wir sehen je ein Foto des Schriftstellers Bill Harry, von John Lennon, Stuart Sutcliffe und dem Künstler Rod Murray, die, wie uns die Plakette informiert, im Juni 1960 eine Lesung des stark von Allen Ginsberg und anderen Amerikanern beeinflussten Autors Royston Ellis (angeblich Vorbild für *Paperback*

Writer) besuchten und danach hierherkamen, um das Gehörte zu diskutieren. Sie waren nicht gerade beeindruckt und beschlossen, jeder auf seine Weise »Liverpool berühmt zu machen« (to put Liverpool on the map). Enthüllt wurde diese Plakette von Bill Harry und Rod Murray am 24. August 2003. Mein dritter Hochzeitstag. Was bedeutet das jetzt wieder?

Bill Harry jedenfalls gründete 1961 das Zentralorgan der Liverpooler Musikszene, *Mersey Beat,* und entweder muss er mal seinen Wikipedia-Eintrag korrigieren, oder er hat höchstpersönlich eine Plakette mit einem falschen Geburtsjahr enthüllt. Weiß er wirklich nicht mehr, ob er 1938 oder 1939 geboren wurde?

Als wir *Ye Cracke* wieder verlassen, steht Steve tatsächlich mit dem Taxi vor der Tür. Wir sind jetzt durch mit der Tour, und er fragt uns, wo er uns hinbringen soll. Nein, nicht zum Hotel, sondern irgendwo in die Innenstadt, wir brauchen jetzt Fish and Chips.

Steve steigt aus, um sich angemessen von uns zu verabschieden. Wir stellen fest, dass wir statt der angekündigten drei Stunden viereinhalb unterwegs waren. Steve fragt uns, wie wir es fanden, und wir fanden es nicht nur great, sondern auch spectacular und overwhelming, seine Begeisterung, seine Leidenschaft für diese Stadt und die Beatles, and you will definitly be in the book, mate!

AM BEATLES-BALLERMANN

Nach den Fish and Chips ist der Nachwuchs entlassen. Bisher ist nicht zu erkennen, dass die beiden das Gesehene und Gehörte übermäßig beeindruckt hätte. Aber was habe ich auch erwartet? Dass sie ab heute von dem Zeug, das sie so hören, ablassen, sich konzentriert durch das Gesamtwerk der Beatles arbeiten und dann fragen, was es eigentlich mit Dylan, Springsteen und den Stones auf sich hat? Vielleicht läuft es über die Langzeitwirkung, nach dem Motto: Ihr werdet schon sehen, wozu das gut war! Eines Tages werdet ihr mir dankbar sein! Kommt ihr erst mal in mein Alter!

Ich frage meine Frau: »Hörst du sie schon *Penny Lane* summen? Immerhin haben sie das zuerst in der Penny Lane gehört, wer kann das schon von sich sagen!«

Meine Frau gibt zurück: »Ich bin schon froh, wenn sie nicht ständig *Mother* brüllen!«

Die Innenstadt von Liverpool sieht aus wie die meisten Innenstädte. Es gibt die üblichen Ketten von Klamottengeschäften plus *Marks and Spencers.* Das Wetter zeigt sich nach wie vor von einer zickigen, unentschlossenen Seite, es gibt Sprühregen bei Windstille und ein paar Böen im Sonnenschein.

Da wir nicht weit von der Matthew Street entfernt sind, entscheiden meine Frau und ich, uns schon mal den Cavern Club anzusehen, obwohl wir den festen Plan haben, heute am späteren Abend dort dem Auftritt einer Beatles-Coverband beizuwohnen. Cover-Bands sind natürlich prinzipiell mit Vorsicht zu genießen, aber vielleicht muss man das gesehen haben, um über den Hype und die Kommerzialisierung des Beatles-Mythos wirklich mitreden zu können.

Da ich genetisch weitgehend unfähig bin, mich anhand von Karten, sei es auf Papier oder dem Smartphone, fehlerfrei zu orientieren, nähern wir uns der Matthew Street über die Parallelstraße, die Harrington Street. Wir biegen in eine unterirdische Passage ein, wo eine Beatles-Skulptur daran erinnert, dass genau hier der ursprüngliche Cavern Club gewesen ist, in dem die Beatles zwischen 1961 und 1963 insgesamt fast dreihundert Mal aufgetreten sind.

Nicht selten zur Lunchzeit. Wie hat sich das auf die Arbeitsmoral ausgewirkt, wenn man zum Mittagessen Rock 'n' Roll statt Erbseneintopf hatte? Das Originalgebäude wurde 1973 ABGERISSEN (!), um eine Eisenbahnlinie zu bauen, von der heute noch immer nichts zu sehen ist. Hier unten in der Passage gibt es einen Laden namens *Magic Willow,* der Collectibles aller Art anbietet, was mich aber nicht genug interessiert, um dem auf den Grund zu gehen. Außerdem gibt es hier eine große Yellow-Submarine-Wandmalerei, von der ich der Vollständigkeit halber ein Foto mache.

Dem Ausgang der Passage gegenüber liegt die *Rubber Soul Bar.* Daneben ein *German Beer Cellar* namens *Kaiserkeller,* wie der Laden, in dem die Beatles in Hamburg mal gespielt haben. Schon nach wenigen Metern wird klar: Die Matthew Street ist so eine Art Beatles-Ballermann, eine Fab-Four-Schinkenstraße. Die Fenster in der Backsteinfassade über der *Rubber Soul Bar* und dem *Kaiserkeller* sind verkleidet mit Figuren aus *Yellow Submarine,* von überallher hört man Beatles-Songs, die zu einer einzigen akustischen Suppe verschwimmen. Eine fast kindlich simple kleine Popnummer wie *Ask Me Why* vom ersten Album *Please*

Please Me geht über in ein absurdes fortgeschrittenes Klangkunstwerk wie *I Am the Walrus.* Okay, man kann es reizvoll finden, die Gegensätze im Werk dieser an Gegensätzen so faszinierend reichen Gruppe zusammenzubringen, aber das ist ja hier nicht der Plan. Der Plan heißt: Nehmt ALLES und nehmt es JETZT! Wir dröhnen euch voll, bis ihr nicht mehr wisst, wer ihr seid: *I am he as you are he as you are me and we are all together.* Malle für alle, nur mit den Beatles statt Jürgen Drews.

Vor dem Cavern steht die Statue der grundsympathischen, in England gerade unter Älteren immer noch sehr populären Sängerin Cilla Black, die mal an der Garderobe im Cavern gearbeitet hat, damals aber noch unter ihrem Geburtsnamen Priscilla White. Im Club lernte sie die Beatles und vor allem Brian Epstein kennen, der sie unter Vertrag nahm und dafür sorgte, dass die Lennon-McCartney-Komposition *Love of the Loved* ihre erste Single wurde.

Der neue Cavern Club liegt ziemlich tief unter der Erde. Unten kommt man zuerst in den Hauptraum, ein relativ niedriges Backsteingewölbe. An den Seiten, in noch viel niedrigeren Bogennischen, haben früher die Leute gehockt und den Beatles und anderen

Bands zugehört, heute sind da Schaukästen mit Fotos und kleinen Ausstellungsstücken. Da hier ab Mittag schon Musik geboten wird, steht auch jetzt, gegen sechzehn Uhr, ein junger Mann mit Gitarre auf der Hauptbühne und spielt Gassenhauer der Fünfziger, die seinerzeit auch von den Beatles hier gegeben wurden. Der ist nicht schlecht, auch wenn er beim Singen etwas knödelt.

Der Club ist schon ziemlich gut gefüllt, die Luft bereits jetzt nicht die beste. Auf der rechten Seite erweisen sich die vermuteten Nischen als Durchgänge in eine Art Seitenschiff. Hier gibt es hohe Tische an den Säulen der Bögen, die also keine Nischen-, sondern Durchgangsbögen sind, und niedrige Tische an der gegenüberliegenden Wand. Alle sind besetzt. An der Wand weitere erleuchtete Schaukästen. Einer beherbergt drei alte braune Gitarren und ist den Quarrymen gewidmet.

Am Tresen neben dem Eingang zu diesem Hauptraum stehen Best Ager und echte Silberrücken in Zweierreihen und lassen sich von Menschen Anfang zwanzig, denen der Spruch »Ich bin jung und brauche das Geld« ins Gesicht geschrieben steht, schaumlose Lagerbiere zapfen. Wir gehen an diesem leicht ins Entwürdigende lappenden Schauspiel vorbei in den kleineren Nebenraum. Der Durchgang ist ein echtes Nadelöhr, in dem ich nicht stehen möchte, wenn eine Panik ausbricht. Ausgerechnet hier bleiben die Leute regelmäßig stehen, um ein erstaunlich hässliches Relief der Gesichter von John, Paul, George und Ringo auf ihre Smartphones zu bannen. Die Beatles sehen hier aus wie der in Karbonit eingefrorene Han Solo.

Die dem Relief gegenüber hängenden großformatigen fotorealistischen Zeichnungen der vier in ihrer frühen Phase, also circa 1963, müssen als Selfie-Hintergrund dienen, weil sie heller sind als diese schwarze Wandskulptur.

Hat man sich durch diesen engen Gang gequetscht, der schon erste Zweifel aufkommen lässt, ob es wirklich so eine gute Idee ist, hier spät am Abend herzukommen, wenn alles garantiert noch sehr viel voller und stickiger und besoffener ist, gelangt man in einen Nebenraum namens *Live Lounge,* in dem ebenfalls eine Bühne untergebracht ist. Die Leute sitzen hier in genau der Haltung an den Tischen, die Leute in Kaufhäusern haben, wenn sie mit wachsender Ungeduld auf ihre Angehörigen warten, die sich in der

Anprobe nicht zwischen zwei fast gleich aussehenden Hosen entscheiden können.

Auf der Bühne steht mittig ein SM58-Gesangsmikro auf Galgenstativ, daneben eine sehr benutzt aussehende akustische Klampfe in einem Gitarrenständer. Im Bühnenhintergrund läuft die Aufzeichnung des Auftritts, den Paul McCartney hier im Jahre 1999 absolviert hat. Siebenundfünfzig Lenze, mit einem Body-Mass-Index, den ich gerne mit siebzehn gehabt hätte, in einem schlichten schwarzen Shirt, den Höfner-Bass im Anschlag, arbeitete er sich mit erfrischender Spielfreude durch einen zeitlosen Katalog von Rock-'n'-Roll-Klassikern, von denen er viele gerade für sein Album *Run Devil Run* aufgenommen hatte. Unterstützt wurde er dabei von einem gewissen David Gilmour an der Gitarre, der mit einer Kapelle namens Pink Floyd auch nicht völlig erfolglos war, und dem ebenfalls nicht unerfahrenen Ian Paice von Deep Purple an den Trommeln. In solchen Momenten bin ich noch ein bisschen stolzer auf meine vier Jungs, für die sich große Stars gerne als Session-Musiker zur Verfügung stellen. Nach ein paar Minuten wird zwar der Ton heruntergefahren, aber das Video läuft weiter.

Jetzt betritt ein Mann Ende zwanzig die Bühne –

lockiges Haar bis fast auf die Schultern, Mittelscheitel, graue Jeansjacke, T-Shirt – und hängt sich die Gitarre um. Aus seiner Ansage dürfen wir schließen, dass er vorhin schon ein Set gespielt hat. Das könnte spannend werden, denke ich. Oftmals sind es ja die versteckten Genies, die bei der Pflege ihrer Instrumente eine coole Nachlässigkeit an den Tag, weil es ihnen viel mehr um die wirklich wichtigen Dinge zu tun ist, die Musik nämlich. Rory Gallagher spielte auch immer auf dieser angemackten Stratocaster. Ich freue mich auf einen unerwarteten musikalischen Leckerbissen am Nachmittag.

Es kommt anders.

Es passiert sehr selten, dass ich in nüchternem Zustand über eine musikalische Darbietung behaupte, was ich nach ein paar Minuten meiner Frau zuflüstere: »Das kann ich auch!« Diese schrömmelige Gitarre, die niemand geschenkt nehmen würde, es sei denn, er hat einen Kachelofen zu Hause, ist so verstimmt, dass selbst ich das höre, dabei war meine Unfähigkeit, meinen preisgünstigen Gibson-Nachbau Anfang der Achtziger zu stimmen, ein nicht unerhebliches Hindernis zwischen mir und einer Weltkarriere als Singer-Songwriter. Mal abgesehen von meinem saumäßigen Rhythmusgefühl und meiner Unfähigkeit, beim Singen mehr als drei richtige Töne hintereinander zu treffen.

Der Kollege hier trifft vor allem die höheren Töne nicht und meint, es helfe, bei diesen Noten kurz auf die Zehenspitzen zu gehen. So wirkt seine Version von *HEY, You've Got to HIDE Your Love Away* wie eine Übung bei *Turn mit,* einer Gymnastiksendung zum Mitmachen, die in den Siebzigern im ZDF lief.

Meine Frau sagt, sie müsse dringend hier raus. Ich stimme ihr zu.

Ich werfe einen letzten Blick auf die Bühne und muss feststellen: Es ist sowieso keine gute Idee, öffentlich zu singen und Gitarre zu spielen, wenn man beides nicht beherrscht. Die Idee wird allerdings noch schlechter, wenn dazu im Hintergrund Weltklassemusiker zu sehen sind.

In dem Nadelöhr müssen wir uns gegen eine Gruppe spanischer Studentinnen und Studenten durchsetzen, die von diesem hässlichen Relief ganz hin und weg sind. Der Typ auf der Hauptbühne knödelt sich gerade durch *Bésame Mucho,* und auf dem zweiten Treppenabsatz ist Zeit für ein albernes Touri-Foto vor dem Cavern-Schriftzug. Wir beschließen, dass wir den Cavern Club jetzt als abgehakt betrachten können und abends hier nicht noch mal hinmüssen.

Da zu meinen vielen Schwächen eine gewisse Anfälligkeit für Merchandise-Artikel gehört, muss ich noch einen Blick in den Souvenirladen an der Ecke werfen, schaffe es aber, mit nur zwei T-Shirts und einer Tasse herauszukommen.

Gleich nebenan ist das *Hard Days Night Hotel,* und ursprünglich hatte ich vorgehabt, für diese drei Tage in Liverpool genau hier abzusteigen, um uns wirklich die volle Beatles-Dröhnung zu geben, aber jetzt bin ich froh, dass es ausgebucht war. Einige der Zimmer gehen zur Matthew Street raus, und man kann sich lebhaft vorstellen, was da abends und nachts los ist. Aber mal einen Blick hineinwerfen? Das sei kein Problem, sagt der livrierte Doorman, der auf dem Gehweg darüber wacht, dass niemand das Hotel klaut. Die Frage stand uns wohl ins Gesicht geschrieben, denn geäußert haben wir sie nicht.

Drinnen geht es ein paar Stufen hoch in die Lobby, wo man einen Eindruck bekommt, was uns erwartet hätte, wenn wir hier untergekommen wären. Die Fab Four von morgens bis abends. Die Treppe linker

Hand ist bereits mit großformatigen Fotos gesäumt, in Vitrinen sind allerlei weitere Fotos zu sehen, es gibt je eine Bronze-Büste von George Harrison und von John Lennon, über der Bar hängt ein riesiges Foto, wie die Beatles zusammen mit neun anderen jungen Männern von einer Mauer springen. Die Neun schon wieder! Was bin ich auch so blöd und zähle nach! Außerdem ergibt neun und vier dreizehn.

Zwei Bilderrahmen dokumentieren den Besuch von May Pang, John Lennons Geliebter während des *lost Weekend,* jener achtzehnmonatigen Trennung von Yoko zwischen Mitte 1973 und Anfang 1975. Neben der Rezeption steht eine Juke-Box, die an das Yellow Submarine erinnert, und im Gang vor den Toiletten hängen gerahmte Konzertankündigungen aus der Zeit, bevor die Beatles berühmt wurden und sich die Plakate noch mit Rory Storm & The Hurricanes oder Mr. Acker Bilks Paramount Jazz Band teilen mussten. Das ist alles ganz interessant, aber so langsam stellt sich auch das Gefühl ein: Irgendwann ist gut.

»JELLY BEANS EKEL«

Wir trinken Kaffee und machen uns auf den Weg zurück zu den Docks, wo unser Hotel ist. Und da unten steht ja auch noch die Skulptur des Künstlers Andrew Edwards. Überlebensgroß sieht man sie im Schlenderschritt, die Hände in den Taschen, ihrer Heimatstadt den Rücken zukehrend, dem Wasser, also neuen Ufern zustrebend. Und wieder stellt sich die Han-Solo-Assoziation ein. Auf mich wirken die merkwürdig eingefrorenen Gesichter solcher Bronze-Standbilder immer etwas unheimlich.

Die Sonne geht unter, es wird langsam frisch. Unser Weg führt durch das Albert Dock, wo eine Reihe von Restaurants und kleine Geschäfte sind. Eines davon hat ein Bild im Schaufenster, das die Beatles in ihren Sergeant-Pepper's-Kostümen zeigt, und dieses Bild ist komplett aus Jelly Beans gemacht. Jelly Beans sind mit Gelee gefüllte bunte Bohnen, und wenn man den Begriff bei Google eingibt, wird einem als eines der ersten Stichworte »Jelly Beans Ekel« angeboten. Ich erinnere mich, irgendwo gelesen zu haben, dass die Beatles bei ihrem Auftritt in Washington 1964 mit Jelly Beans beworfen worden sind, weil George Harrison in einem Interview unvorsichtigerweise geäußert hatte, die Band stehe auf Jelly *Babies,* eine Art Weingummi – und eben weich, wohingegen die Jelly *Beans,* mit denen sie in D.C. bombardiert wurden, ziemlich hart waren. Es ist auch hart, dieses Bild anzusehen, wie so vieles, was wir heute besichtigt haben. Es bleiben gemischte Gefühle zurück, während wir ins Hotel gehen. Ich bin froh, dass wir das hier gemacht haben, aber sind zum Beispiel meine Söhne den Beatles heute nähergekommen? Ich wage das zu bezweifeln. *Beatles For Sale* – der Titel ihres vierten Albums – passt ziemlich gut zu diesem Tag. Das Fab-Four-Business brummt, aber wen interessiert da noch die Musik?

Das hier war a Day in the Life. Ein Donnerstag. Denn Yesterday war Mittwoch. Und Tomorrow never knows, denke ich, bevor ich das Licht ausmache.

TEIL 3

DURCH DIE GLASZWIEBEL

SEA OF HOLES

Als ich Ende der Siebziger Beatles-Fan wurde, war es nicht gerade leicht, an Informationen zu kommen. Ich hatte die autorisierte Biografie von Hunter Davies, das Buch von Carr und Tyler, das dtv-Songbook mit den zum Teil ziemlich abgedrehten Illustrationen und dann und wann einen Artikel in der Bravo, im Musikexpress, Spiegel oder Stern. Nach John Lennons Tod waren die Gazetten eine Zeit lang prallvoll, es erschien die überarbeitete Lennon-Biografie von Anthony Fawcett, die ich gewissenhaft durcharbeitete, aber das, worauf sich die Artikel bezogen, blieb für mich ungreifbar. Ich las zwar von dem legendären Konzert im Shea-Stadion, konnte es aber ebenso wenig sehen wie die Auftritte der Beatles in der Ed Sullivan Show.

Ich hatte gehört, dass der Film *Magical Mystery Tour* ein Desaster sein sollte, konnte das aber nicht überprüfen.

Heute steht mir im Internet ein gigantischer Ozean unvernetzten Wissens zur Verfügung. Und auch wenn einen die Masse an Videos, Interviews und Tonschnipseln schier erschlägt, ist es für jemanden, der die Beatles früher nur auf Fotos und in wenigen Filmen gesehen hat, eine Sensation, sie sich bewegen zu sehen und sie reden zu hören.

Und wieder ist da dieser schon erwähnte irrationale Stolz darauf, wie viele Menschen sich auf »meine« Band beziehen, sie imitieren oder sich von ihr inspirieren lassen. Die Ergebnisse sind manchmal erfreulich, bisweilen aber auch irritierend.

Da wäre zum Beispiel die Jazz-Sängerin Morgan James, die auf einer schwarzen Bühne, während im Hintergrund ein Grafiker die Songs auf einem Tablet in Echtzeit illustriert, ganz in Weiß gekleidet, das komplette *Weiße Album* singt. Im Sitzen. Das sieht alles toll aus, die Musik ist schmissig und fehlerfrei eingespielt, sie kann prima singen, aber das ist so verdammt keimfrei, dass es auch meinem Oppa gefallen hätte. *Helter Skelter* im Sitzen!

Erfrischend hingegen die Mona Lisa Twins aus Österreich, die in ihren Cover-Versionen nah an den Originalen und doch ganz eigenständig sind. Das hat Verve und Energie und ist mitreißend, und es wird deutlich, wie zeitlos diese Songs sind.

Zum Skurrilsten, das mir während der Arbeit an diesem Buch untergekommen ist, gehört das Projekt Strawberry Walrus des aus Missouri stammenden Gary Murtha, der ein Teenager war, als die Beatles Amerika eroberten. Nicht weniger als vierunddreißig (sic!) Alben von Strawberry Walrus finden sich bei den einschlägigen Streamingdiensten! Vierunddreißig Alben, auf denen es nur um ein Thema geht: das Werk und das Leben der Beatles. Wohlgemerkt: Murtha spielt keine Coverversionen, sondern schreibt eigene Songs, etwa ein ganzes Album über den Tag, an dem Lennon und McCartney sich kennenlernten, oder eines ausschließlich über eine USA-Tour, mehrere, die nach den Straßen benannt sind, in denen John, Paul, George und Ringo aufgewachsen sind. Musikalisch ist das nicht weiter erwähnenswert, es hat aber eine bisweilen anrührende, bisweilen irritierende, weil völlig ironiefreie Aufrichtigkeit, die so nerdy ist, dass Dr. Dr. Sheldon Cooper dagegen wie ein Ausbund an Normalität wirkt. Man weiß nicht, will man Gary Murtha in den Arm nehmen oder irgendwo einweisen.

Außerdem gibt es mittlerweile unzählige Bücher, Sachbücher meist, klar, aber als Romanautor interessiert mich besonders die Fiktionalisierung der Beatles. Auffallend ist, dass viele Werke sich die dunkelste aller Welten ausmalen, die Dystopie schlechthin: eine Welt ohne Beatles.

Henning Müller-Detert etwa spielt in *The Beatles – Die Geschichte einer vergessenen Band* mal durch, was gewesen wäre, wenn die Beatles bei der Plattenfirma Decca gelandet wären, die sie nach einem Vorspielen Anfang 1962 abgelehnt hatte mit der legendären Begründung, Gitarrenbands hätten keine Zukunft. Der ihnen zugeteilte Produzent in dem Buch macht alles falsch, was man falsch machen kann, und die Karriere der vier verläuft im Sande. In der Rahmenhandlung sitzt ebenjener Produzent mit John Lennon, der sich als Straßenmusiker durchschlägt und an einer Straßenecke in Liverpool mit seinem Song *Imagine* auf gelangweilte Ablehnung stößt, in einer Kneipe, und sie rekapitulieren die Geschichte ihres gemeinsamen Scheiterns. Netter Twist am Ende: Lennon verlässt die Kneipe um zehn vor elf abends – am 8. Dezember 1980. Das Buch endet mit dem Satz: »Eines war gewiss, dachte ich mir: Auf dem Weg nach Hause würde John Lennon kein Fan auflauern.«

In Larry Kirwans Roman *Liverpool Fantasy* hat John Lennon die Beatles 1962 nach einem Streit im Studio verlassen und lebt jetzt, Ende der Achtziger, vor allem von der Stütze. Die Welt, die nie mit der Musik der Beatles beglückt wurde, ist eine gänzlich freudlose, jedenfalls in Großbritannien, denn die Tories regieren mit den Faschisten von der National Front, die den einzigen der vier, der Karriere gemacht hat, McCartney nämlich, welcher als Schnulzensänger Paul Montana hauptsächlich in Las Vegas auftritt, als lokale Leitfigur in Liverpool vereinnahmen wollen.

Von den nicht fiktionalen Büchern ist das mit der schönsten Hintergrundgeschichte vielleicht *I Met the Walrus* von Jerry Levitan, der 1969 als vierzehnjähriger Teenager in Toronto ein Exlusiv-Interview mit John und Yoko bekam, die in einem Hotelzimmer einen Tag später ihr Bed-in abhalten sollten. Zu dem Buch gehört die Audio-Aufnahme des Gesprächs, die dann auch noch die Tonspur für einen gleichnamigen, Oscar-nominierten Kurzfilm von 2007 wurde.

Man kann sich da in einer Sea of Holes verlieren, und diese Holes sind definitiv zahlreicher als die, die es braucht, um die Albert Hall zu füllen.

SAG MIR, WO DIE FRAUEN SIND

Ich sehe mir zwei Dokus auf Netflix an. Die eine beschäftigt sich mit *Sergeant Pepper's Lonely Hearts Club Band.* Eine Stunde und dreiundfünfzig Minuten über ein Album, für das schon jeder Superlativ gefunden, verwendet und ausgelutscht wurde. Und im ganzen Film ist kein einziger Ton dieser epochalen Platte zu hören! Und auch sonst nichts von den Beatles. Zuerst fallen mir vor allem sexuelle Analogien ein, von wegen scharfmachen, aber dann nicht ranlassen, doch irgendwann komme ich mir nur noch vor wie ein Verdurstender in der Gobi, für den das rettende Glas Wasser immer genau eine Handbreit zu weit entfernt ist. Am Ende bin ich schweißgebadet und mit den Nerven fertig.

Trotzdem habe ich am nächsten Tag den Mut, mir auch den zweiten Film anzusehen, der sich vor allem damit beschäftigt, wie die Beatles die populäre Kultur verändert haben. Hier werden wenigstens ein paar Takte Originalmusik verwendet, wenn auch viel zu wenig. Vor allem aber erklären angejahrte ältere Herren, wie die Beatles die Welt verändert haben. Der eine oder andere kannte oder kennt sie sehr gut und hat deshalb durchaus Interessantes zu berichten.

Anschließend geht es um die Wirkung der Beatles auf Frauen und Mädchen in den Sechzigern, und es ist schon einigermaßen grotesk, wenn die sprichwörtlichen *alten weißen Männer* erklären, wie sich die Mädchen damals in die vier verknallt haben, wie sie bei den Konzerten ausrasteten und in Ohnmacht fielen. Ich dachte nur: Habt ihr denn keine Frauen gefunden, die mir das erklären können? Überlebende muss es doch in Hülle und Fülle geben, und schämen werden sich auch nicht alle dafür.

Die gleich darauf angesetzte Internet-Recherche lässt in mir den Verdacht aufkommen, dass Frauen sehr viel seltener so Sonderling-Artig über Musik schreiben wie Männer. Eine hat es aber doch getan, und zwar die amerikanische Kinderbuchautorin Judith Kristen, die ihr Buch *A Date with a Beatle* (deutsch: *Eine Nacht mit George Harrison*) laut einem auf Youtube abrufbaren Interview innerhalb einer Woche entlang ihrer alten Tagebücher geschrieben hat. Die Geschichte ist also wahr, aber vor allem ist sie unglaublich witzig, ehrlich und selbstironisch.

Judith Kristen war fünfzehn und lebte in Philadelphia, als die Beatles am 9. Februar 1964 in der Ed Sullivan Show auftraten. Sie schwärmte für George Harrison und malte sich wie so viele junge Mädchen (und sicher auch Jungs) eine gemeinsame Zukunft mit ihm aus. Heimlich fuhr sie zum Konzert nach Washington und saß ganz nah an der Bühne. Von diesem Konzert gibt es Filmaufnahmen, und bei jedem blonden Mädchen denkt man sich: Das könnte sie sein.

Um mal anzudeuten, mit welcher Verve sich Kristen in das Abenteuer mit den Beatles stürzte: Als die vier im Sommer 1964 für weitere Auftritte in die USA kamen, besorgte sie sich die Gelben Seiten nicht nur von Philadelphia, sondern auch von Atlantic City und New York, wo die Beatles jeweils auftreten sollten. Zusammen mit ihrer besten Freundin nahm sie für die Abende der entsprechenden Konzerte in nicht weniger als 597 Hotels Reservierungen vor, und zwar handschriftlich, um ganz sicher ein Zimmer in dem Hotel zu haben, in dem die Fab Four absteigen würden. Tatsächlich begegnet sie George am Ende, wenn auch anders als der deutsche Titel insinuiert. Judith Kristen bietet mit ihrem Buch eine Innensicht der weiblichen Beatlemania. Sie wollen wissen, wie die Mädchen drauf waren, die während der Konzerte ausrasteten? Lesen Sie dieses Buch!

AUS DEM KELLER I: NICHT, WAS ICH ZU SEIN SCHIEN

Ein paar Tage nach unserem Liverpool-Trip steige ich in unseren Keller hinab und zerre die Plastikkisten mit meinen circa zweitausend Vinyl-Platten unter den Regalen hervor. Die erste Platte, die mir in die Hände kommt, als ich nach meinen Beatles-LPs suche, ist eine von Billy Cobham, die mir der Funk-Fan Christoph R. im zwölften Schuljahr geliehen hat. Ich flappe durch die erste Kiste und stoße auf den Soundtrack von *Grease,* und als ich mir die Rückseite ansehe, muss ich feststellen, dass auch dieses Ding geliehen ist, und zwar von Birgit N., ebenfalls Mitte der Achtziger. (Anmerkung des Lektors: Willst du das mit *Grease* wirklich zugeben? – Antwort des nostalgiebesoffenen, unvorsichtig bekenntniswilligen Autors: Da sind auch mehrere Scheiben von Chris de Burgh! –

Chris de Burgh???? – Du hättest das Mädchen sehen sollen, wegen der ich die gekauft habe!)

Dass ich das hier überhaupt machen kann, verdanke ich dem sehr viel zu früh verstorbenen Bernd Kowalzik, Mitbegründer der Bochumer Zeche und der Plattenfirma Roof Music, die seit Jahr und Tag meine Hörbücher herausbringt. Als ich Anfang der Neunziger, nicht zuletzt aus Platzgründen, auf CDs umstieg, spielte ich mit dem Gedanken, mein Vinyl zu verkaufen, aber Bernd redete mir ins Gewissen, das könne ich nicht machen, das seien echte Schätze, das werde mir noch leidtun. Im Büro von Roof Music ist eine imposante, bestimmt vier Meter hohe und sechs Meter breite Wand mit Bernds Plattensammlung zu sehen, für die schon Unsummen geboten worden sind, die aber in mehr als einer Hinsicht unbezahlbar ist. Die Dringlichkeit, mit der der stets besonnene Herr Kowalzik mir ins Gewissen redete, machte Eindruck auf mich, und mittlerweile darf ich sagen, dass ich ihm unendlich dankbar bin, denn kaum etwas in meinem Leben ist so sehr mit Erinnerungen aufgeladen wie all diese Platten, selbst die bescheuerten wie die Sampler *Disco Mania* und *Happy USA* oder die Fuckin' Kius Band mit *Werners Platte,* including *Werner pumpt ab.*

Es dauert etwas, bis ich alle Beatles-Alben sowie die Solo-Werke beisammen habe. Ich verbringe den restlichen Nachmittag damit, einfach nur dazusitzen und jede Platte einzeln aus der Hülle zu nehmen und mir anzusehen, die Cover zu betrachten und die, so vorhanden, Liner-Notes zu überfliegen. Alles riecht ein bisschen nach Keller und fühlt sich an, als habe sich so eine Art Zeitstaub darauf abgelagert, den man mit keinem Tuch wegwischen kann.

Am nächsten Tag ziehe ich los und kaufe mir einen neuen Plattenspieler. Die erste Vinyl-Platte, die ich seit fast dreißig Jahren höre, ist das *Blaue Album* (auf blauem Vinyl! Habe ich das schon erwähnt?). Und auch wenn der Plattenspieler kein High-End-Gerät ist und die Boxen der kleinen Yamaha-Anlage in meinem Arbeitszimmer den Ansprüchen echter Connaisseure nicht genügen dürften, stelle ich schon nach Sekunden fest, dass die Kenner immer noch recht haben: Es klingt wirklich besser als CD oder Stream, wärmer und voller. Und dann ist da das Haptische und das große Cover – das habe ich von Vinyl-Adepten in den letzten Jahren immer wieder gehört, jetzt erfahre ich es auch sinnlich.

Ich habe mir vorgenommen, mich für dieses Buch

noch einmal chronologisch durch alle Beatles-Alben zu hören, um nach dieser langen Zeit alles mal in die richtige Reihenfolge zu kriegen, und muss feststellen, dass mir das erste, *Please Please Me,* fehlt. Der Verzweiflung nahe, stürzte ich wieder in den Keller und gehe die Plastikkisten noch mal durch, holte mir aber nur dreckige Finger. Haben Birgit oder Christoph sich die irgendwann unter den Nagel gerissen, um sich für *Grease* oder Billy Cobham zu revanchieren?

Ich bestelle die Platte im Internet, und als sie ankommt, fehlt dem Cover dieser Zeitstaub, die Hülle glänzt und riecht neu, die Platte ist vergleichsweise schwer, 180 Gramm Vinyl, das Parlophone-Label in der Mitte schwarz mit historischem Schriftzug.

Natürlich habe ich die Platte im letzten Vierteljahrhundert durchaus das eine oder andere Mal gehört, meistens auf CD, und was sich dabei komplett verändert hatte, jetzt aber zurückkommt, ist die Dramaturgie der Platte. *Please Please Me* und *Love Me Do* sind jetzt nicht einfach mittendrin, sondern Ersteres beschließt Seite A, Letzteres eröffnet Seite B. Das Umdrehen ist eine Zäsur, die einem beim digitalen Konsum fehlt. Eine Kleinigkeit? Es gibt keine Kleinigkeiten.

Please Please Me hat nichts von seinem mitreißenden, von der Mundharmonika getriebenen Drive verloren, *Love Me Do* kommt mir sogar schmissiger vor als früher, ich meine jetzt den Hauch von Blues zu erkennen, den andere schon länger behauptet haben. Ich erinnere mich auch wieder daran, dass ich immer eine spezielle Schwäche für *P.S. I Love You* hatte. Paul singt die Lead-Stimme, John und George den Background, wobei sie sich in den Strophen auf einzelne Silben beschränken. Bei dem, was Ringo im Hintergrund percussioniert, muss ich an klassische Tanzkapellen denken, und schrägerweise kommen mir *Murph and The Magic Tones* aus *Blues Brothers* in den Sinn.

Zum Schluss dann *Twist and Shout,* das John Lennon am Ende der Aufnahmesession, die lediglich einen einzigen langen Tag dauerte, nur noch schreien konnte. Sie sollen Milch getrunken und Halspastillen gelutscht und sich die Fingerkuppen blutig gespielt haben. Die Instrumente klingen nach wie vor einigermaßen gezähmt, aber die Stimme hat eine Wildheit, nach der wirklich Feierabend sein muss.

In den nächsten Tagen höre ich mich tatsächlich chronologisch durch, erkenne Feinheiten, die mir früher verborgen geblieben sind, etwa, dass Ringo bei Georges erstem Song *Don't Bother Me* auf irgendeinem Ding aus Holz zusätzlich zum Rock-Rhythmus auch noch etwas Lateinamerikanisches spielt. Ich stelle fest, dass ich noch immer fast alle Texte abrufbereit im Kopf habe.

Heute mache ich Unterschiede, wo ich früher alles durchgängig toll fand. So erkenne ich jetzt die schiere Perfektion von *A Hard Day's Night* viel deutlicher als 1980, ich höre die Erschöpfung, die sich durch *Beatles for Sale* zieht und die den Gesichtern der vier auf dem Cover eingezeichnet ist. Eine Erschöpfung, die noch immer brillante Songs hervorbrachte, vor allem *I'm a Loser,* das ich schon früher so mochte, weil Lennon mit der Stimme so weit runterging. Mal ganz abgesehen davon, dass ich mich mit vierzehn, fünfzehn oder sechzehn auch ständig als Loser empfand. Wie jeder Teenager war ich nicht, was ich zu sein schien – *not what I appear to be.* Ich war ein künftiger Rockstar, gefangen im Körper eines untersetzten Handballspielers in einer mittleren Großstadt im mittleren Ruhrgebiet.

Help! ist dann das erste Album mit dem Apfel in der Mitte, obwohl Apple Records erst 1968 gegründet wurde. Das Titelstück klingt immer noch fett und dicht im Sound, und *You've Got To Hide Your Love Away* spiegelt nicht nur den Einfluss Bob Dylans auf die Texte vor allem von John wider, sondern ist auch der Song, den ich selbst am liebsten gespielt habe, rhythmisch unsicher, das lennonsche Näseln imitierend. Und allemal besser als dieser Typ im Cavern!

Help! ist das letzte Album mit Coverversionen, vor allem *Dizzy Miss Lizzie* von Larry Williams. Schon damals war mir aufgefallen, dass die Beatles insgesamt drei Songs von ihm gecovert haben, allesamt gesungen von John Lennon, und als ich den Kollegen im Internet recherchiere, verstehe ich vollkommen, wieso. Laut Wikipedia war er ein Kleinganove und Zuhälter, der seine Tourneen als Musiker nutzte, um Drogen zu verkaufen, was ihn mehrfach in den Knast brachte. Passt zu Lennon, dass er sich diesem Typen widmete, nicht zuletzt weil Williams auch textlich schon früh aus dem üblichen Rock-'n'-Roll-Schema ausbrach. *Bad Boy* wirkt mit seinen Lyrics wie gemacht für John Lennon: der böse Junge, der nicht lesen und schreiben lernen, sondern nur Rock 'n' Roll hören will, der Reißzwecken auf den Stuhl des Lehrers legt, kleinen Mädchen Kaugummi in die Haare schmiert oder den

Kanarienvogel an die Katze des Nachbarn verfüttert. Nach allem, was man über Lennons Schulkarriere so weiß, ist es logisch, dass ihm diese Nummer besonders gefallen hat, weswegen er sie auch wieder unwiderstehlich singt beziehungsweise brüllt. Rätselhaft, dass das Ding auf keiner der regulären LPs auftaucht.

Als vorletzte Nummer hört man ein Stück namens *Yesterday.* Das nennt man dann wohl Understatement. Die Essenz von Paul. Dass die Platte heute auf mich trotz absoluter Großtaten (*Ticket To Ride* etwa) etwas unausgewogen wirkt, hat nicht zuletzt damit zu tun, dass man sie eigentlich mit diesem Jahrhundertwerk hätte beenden müssen. Aber der härteste Rocker muss immer an den Schluss, und das ist hier nun mal *Dizzy Miss Lizzie.*

AUS DEM KELLER II: WIE ES IST, TOT ZU SEIN

Rubber Soul krallt sich in der Innenhülle fest, als wollte sie nicht rauskommen. Das Cover ist tadellos, und ich weiß nicht, ob es mir früher schon aufgefallen ist, dass nur John Lennon mich direkt ansieht. Bevor es losgeht, knistert es etwas mehr als bei den anderen Platten, auf *Norwegian Wood* knackt es bedenklich, allerdings ohne zu springen. Ich erinnere mich, auch diese Perle auf der Gitarre hingerichtet zu haben, und wie es so ist mit Erinnerungen: Sie überfallen dich, wenn du nicht damit rechnest. So fällt mir gerade jetzt wieder ein, dass ich um 1990 herum eine Art Revival als Sänger gegeben habe, in der Wohnung einer Kommilitonin, die eine Gitarre herumstehen hatte und der ich schließlich Bob Dylan's *Don't Think Twice It's All Right* und eben *Norwegian Wood* vorspielte: *She told me she worked in the morning and startedt to laugh. I told her I didn't and crawled off to sleep in the bath.* Anschließend bekam ich noch ein Glas Wein und den Hinweis: »Du musst jedenfalls nicht im Badezimmer schlafen.« Wäre auch schwierig geworden, weil da nur eine Dusche war. Es wurde nichts Ernstes, aber als ich am nächsten Morgen wieder ging, sah ich auch keinen Grund, die Wohnung abzufackeln wie in dem Song.

Hört man *Rubber Soul* sehr kurz nach *Help,* wird einem erst mal klar, was für ein Monster-Album das ist, ein entscheidender Wendepunkt. Der Sound, die unterschiedlichen Instrumente, Melodien zum Anbeten, selbst der *Verzicht* auf eine ausgeklügelte Melodie wie in *The Word* ist nichts weniger als genial.

Ich liege bei brütender Hitze ungeduscht und unrasiert in meinem Arbeitszimmer auf dem Boden und fange an, Pauls Basslinie in *Michelle* mitzusummen. Na gut, den Country-Schwoof von *What goes on* hätte es nicht unbedingt gebraucht, aber immerhin bekam Ringo dafür seinen ersten Songwriter-Credit.

Ich drehe und wende das Cover und frage mich, ob ich damals schon bemerkt habe, dass der Name der Band vorne gar nicht draufsteht. Und die Fotos auf der Rückseite erinnern mich an Aufnahmen, die der Sohn unserer Vermieterin etwa 1969 oder 70 von mir und meiner Mutter gemacht hat. Ich verzichte darauf, die Bilder herauszusuchen, weil sie dann vielleicht doch wieder nicht so ähnlich sind. Ich habe jetzt daran gedacht, also fertig. Es ist die Art von Erinnerung, die immer recht hat. Ich auf dem Schoß meiner Mutter, wie ich ihr die Haare durcheinanderbringe, im Hintergrund der Garten unserer Vermieter – und Ringo, wie er melancholisch in das schaut, was meine fränkische Frau »das Narrenkästla« nennt. Sein Blick geht also nicht in die Kamera, sondern er starrt einfach geistesabwesend vor sich hin. Narrenkästla klingt aber viel schöner.

An die Fotos mit meiner Mutter muss ich denken, während Paul *I'm Looking Through You* singt, und ich denke, ich hätte mit diesen Gedanken noch ein wenig warten sollen, dann wären sie genau während *In My Life* auf mich eingestürmt. *Places I Remember* und die *Affection,* die man für *People* und *Things that went before* empfindet. John Winston Lennon war Mitte zwanzig, als er den Text geschrieben hat. Ich bin jetzt über fünfzig und fange gerade an, die Zeilen wirklich zu verstehen.

Run For Your Life allerdings, den Rocker am Ende, den musste mir schon mit fünfzehn niemand erklären: Ich würde dich lieber tot sehen als mit einem anderen Mann. Dieser Mr Lennon konnte einem auch in den dunkelsten Stunden voll aus der Seele singen.

Als Nächstes ist *Revolver* dran, es ist immer noch heiß draußen, man sollte mal duschen, aber dann wird das Schwitzen nur schlimmer.

Wer seinerzeit, also Anfang der Achtziger, auf dem Schulhof des Gymnasiums am Ostring in Bochum als Experte durchgehen wollte, der stimmte nicht in den Chor der Gewöhnlichen ein, die *Sergeant Pepper's* für das größte Album der Beatles (und damit automatisch aller Zeiten) hielten, sondern verwies auf die Platte mit dem heute noch eindrucksvollen Cover von Klaus Voormann: die echten Augen in den gezeichneten Schlitzen, das fleischig-dunkle Ohr von John, dessen Nase vor allem ein senkrechter Strich war, die Lippen von George, der aufstrebende Blick von Ringo, der schläfrige von Paul, die Fotos der Beatles, die sich in ihren eigenen Haaren verfingen. Auf der Rückseite Ringo, George und Paul mit Sonnenbrillen. Ganz links scheint John, in einem Hemd mit Paisley-Muster und schmaler Brille auf der Nase, zu den anderen zu sprechen.

Über ihren Köpfen die Liste der Songs, sieben auf jeder Seite, dahinter die Angabe, wer der jeweilige Leadsänger ist – völlig überflüssig. Wer das nicht auseinanderhalten konnte, hatte sein Recht, diese Platte zu hören, eigentlich schon verwirkt, dachte ich damals.

Ich wünschte, ich könnte mich daran erinnern, wann ich dieses erneute Monumental-Werk das erste Mal gehört habe, wie sich das erste Mal Johns Stimme in *I'm Only Sleeping* in meine Gehörgänge gebohrt hat. Wie ich mich zum ersten Mal über das rätselhaft knarrende Geräusch in Georges erster indischer Versenkung *Love You To* wunderte, oder die schneidende

Gitarre von *She Said She Said* begeisterte, ebenso wie die Bläser von *Got To Get You Into My Life* und das Gequieke auf *Tomorrow Never Knows.* Liegen wirklich nur vier Jahre zwischen *Love Me Do* und *And Your Bird Can Sing?*

Mit *She Said She Said* haben sie mir zum ersten Mal Angst gemacht. Sie kannten jemanden, der behauptete: »Ich weiß, wie es ist, tot zu sein.« Peter Fonda soll das zu John gesagt haben, auf LSD. Ich wollte das nicht wissen. Will ich immer noch nicht.

Die musikalische Vielfalt dieses mit dem Begriff Meisterwerk noch zu schwach gewürdigten Werkes macht einen heute noch sprachlos vor Bewunderung: knackiger Rock, psychedelische Experimente, fernöstliche Herausforderungen, zauberhafte Liebeslieder, ein Kinderlied mit Blasmusik (auch wenn ich bei *Yellow Submarine* viel zu oft an *Zieht den Bayern die Lederhosen aus* denken muss), Klassik mit Streichern oder Horn, amerikanischer Tamla-Motown-Soul – das Album als Kunstform; heute, im Zeitalter des Streaming einzelner Songs, fast vergessen. Wir wollen jetzt nicht kulturpessimistisch werden, wir streamen ja selbst, aber ich kann nicht anders, als ständig komplette Alben zu hören.

AUS DEM KELLER III: WIE SUPERMÄNNER

Ich weiß noch, dass ich mir *Sergeant Pepper's* in der Plattenabteilung des Kaufhauses Wertheim kaufte, rechtsrum, wenn man mit der Rolltreppe in den dritten Stock kam. Irgendwas war an dieser Situation speziell, ich weiß nur nicht mehr, was. Es könnte sein, dass die Platte besonders günstig oder ich überrascht war, dass sie die überhaupt hatten. Vielleicht auch, weil sie Parlophone auf dem Label hatte und nicht EMI Odeon oder Apple wie die anderen. Habe ich mir eingeredet, hier ein Original von 1967 in der Hand zu halten?

Ich weiß nicht, von welcher Druckqualität die Originalauflage war, aber mein Exemplar kommt heute noch wie ein Schnellschuss daher. Das Cover ist stumpf, die Farben blass, innendrin, also wenn man es wie ein Doppelalbum aufklappte, war es noch stumpfer, fühlte sich nach billiger Pappe an, die Rückseite war nicht rot wie bei der Neuausgabe, die ich mir gerade zugelegt habe, sondern irgendwie lachsfarben. Und der Lachs hat schon etwas gelegen. Auch der üblicherweise beigelegte Bogen, aus dem man sich einen Schnurrbart oder die militärischen Abzeichen dieses Sergeant Pepper ausschneiden konnte, fehlte bei mir. Auf dem Schulhof stand ich damit auf derselben Stufe wie die Loser, die nur zwei Streifen an ihrer Sporthose hatten.

»Wieso ist bei dir der Bogen nicht dabei?«, wollte Michael damals wissen.

»Keine Ahnung. Ich habe die Platte bei Wertheim gekauft.«

»Bei Wertheim kauft man ja auch keine Platten. Geh doch nach ELPI oder ALRO!«

»Ich war aber nun mal bei Wertheim. Die Musik ist doch die gleiche.«

»Ja, aber der Bogen ist nicht dabei.«

»Meine Schwester«, mischte sich jetzt ein gewisser »Dirk« ein (Klarname dem Autor bekannt), »meine Schwester hat die Sachen alle ausgeschnitten, also zum Beispiel diesen Halbkreis, hinter dem die Beatles stehen. Den hat sie so geknickt, dass er jetzt bei ihr auf der Fensterbank steht.«

Damit war ich wenigstens nicht mehr der größte Idiot auf dem Hof, denn dass man diese Dinger ausschnitt, das ging nun gar nicht, auch wenn es ursprünglich mal so gedacht war.

Sergeant Pepper's ist die Platte, von der ich die meisten Aufnahmen habe. Das besagte Wertheim-Exemplar, dann zwei unterschiedliche CD-Versionen und schließlich die erst kürzlich erworbene neue Vinyl-Ausgabe. Ich mache also den Test, ob sich das wirklich so sehr voneinander unterscheidet, wie die Experten so gerne behaupten. Ich schicke mal vorweg: Ich halte mich nicht für jemanden mit einem guten musikalischen Gehör. Wenn Wolfgang Doebeling im *Rolling Stone* Abmischungen und Pressungen von Vinyl-Reissues bespricht, neige ich mein Haupt in Ehrfurcht, denke aber, dass ich das alles wohl nicht erkennen würde.

Als Erstes lege ich die LP von Wertheim auf. Okay, so kenne ich das. Nur dass die Platte mittlerweile ganz am Anfang einen Kratzer hat, sodass das Publikumsgemurmel übersprungen wird. Ich kann mich nicht erinnern, dass der früher da gewesen ist. Merkwürdig. Aber irgendwie auch egal.

Als Nächstes die Vinyl-Neupressung. Es ist, als hätte jemand das Moskitonetz über einem Bett weggezogen. Man wusste vorher schon, wer da liegt, aber jetzt erkennt man ihn viel besser. Vor allem der Gesang ist viel klarer, räumlicher, fast, als hätte man ein wenig Hall nachgelegt.

Die CD dagegen ist vor allem eines: lauter. Und was ist da mit den Drums, besonders mit der Snare? Die tut richtig weh in den Ohren! Das schneidet einem ziemlich unangenehm ins Trommelfell. Der Effekt verstärkt sich, wenn man einen Kopfhörer aufsetzt. Wieso ist mir das nie aufgefallen? Gut, dass wir verglichen haben.

Ich lasse die Vinyl-Neupressung durchlaufen, erfreue mich wieder an den *plasticine porters with looking-glass ties;* und mir fällt ein, dass ich meinen Eltern von *She's Leaving Home* erzählte. Es sei ein Lied wie eine Kurzgeschichte, und ich hätte genau verstanden, worum es ging. Heute frage ich mich, ob sie Angst hatten, dass auch ich mein Heim verlassen und abhauen könnte. Nur hätte der *man from the motortrade* bei mir eine Frau sein müssen, und ich denke nicht, dass es damals sehr viele Gebrauchtwagenhändlerinnen gab.

Ich gebe zu, dass ich früher die erste Nummer auf Seite zwei, Georges *Within You Without You,* meist übersprungen habe. Indien war zu weit weg von der Alleestraße in Bochum. Heute halte ich es für eines der schönsten Stücke von George Harrison und den Beatles. Die Melodie ist ungewöhnlich, indisch eben, die Streicher bezwingend, im Sound der Neupressung, über den ich mich immer noch nicht beruhigen kann, sowieso. Pauls *When I'm Sixty-Four* fällt danach fast ins Banale. Außerdem glaube ich, dass keines seiner Enkelkinder heute Vera, Chuck oder Dave heißt.

Paul reißt es anschließend mit *Lovely Rita* selber wieder raus. Ich muss an Steve und sein Taxi in Liverpool denken und daran, dass ich die Zeile *filling in a ticket in her little white book* immer sehr mochte, weil sie sich so flüssig singen ließ und mir schon als Jugendlichem die Überlegenheit des Englischen gegenüber dem Deutschen bei Rockmusik-Texten zu belegen schien. Allerdings hatte ich da noch nicht Element of Crime gehört.

Der stampfende Beat von *Good Morning Good Morning* reißt mich immer noch mit, ich höre die Drums viel deutlicher als jemals. Als ich auf dem Reprise des Titelstückes Instrumente höre, die sich bisher vor mir versteckt hatten, blicke ich auf mein CD-Regal und denke: Kann eigentlich alles weg.

Zu *A Day in the Life* will ich nichts sagen. Was soll man dazu noch sagen? Man ist ja froh, wenn man nicht anfängt zu heulen vor Glück.

Der Drei-Sekunden-Fetzen im Auslauf: Wenn man

den rückwärts abspielt, soll man ja angeblich den Teufel anbeten oder so. Genauso angeblich sagen sie da: *We'll fuck you like Supermen.* Also, *like Supermen* meine ich zu verstehen. Bisschen prahlerisch, aber besser als Satanismus.

AUS DEM KELLER IV: KOPULIERENDE AFFEN

Zu den wenigen Raritäten, die sich in meinem Besitz befinden, gehört die Doppel-EP *Magical Mystery Tour,* die ich 1981 in Bexhill-on-Sea in einer Pappkiste vor einem Plattenladen entdeckte und für ein Pfund mitnahm. Eine der beiden Platten fehlte, aber darum ging es ja nicht, sondern um das Booklet mit Szenen aus dem Film, etwa wie John Lennon einer dicken Frau mit einem Spaten kiloweise etwas auf den Tisch schaufelt, das Spaghetti darstellen soll, aber nicht mehr danach aussieht.

Mit den Filmen der Beatles bin ich nie warm geworden. Vor ein paar Jahren habe ich versucht, mit den Kindern *A Hard Day's Night* zu sehen, aber das Werk sprach nicht zu uns. Etwas besser habe ich *Help!* in Erinnerung, spüre aber nicht den Drang, das noch einmal zu überprüfen.

Und *Magical Mystery Tour?* Von dem hatte ich bis vor Kurzem nur gehört, als dem einzigen Flop der Beatles, einer zusammengeschusterten chaotischen Katastrophe, deren einziger Vorteil es sei, dass sie nicht einmal eine Stunde dauert. Im Juni 2019 sehe ich ihn mir dann endlich mal an, wild entschlossen, ihn gut zu finden und eine abweichende Expertenmeinung zu formulieren, bin aber zwischendurch doch versucht, Mails abzurufen oder Doppelkopf auf dem iPad zu spielen. Ein Haufen merkwürdiger Menschen fährt in einem Bus an die See, unterwegs wird eine Menge improvisiert, unterbrochen von dem, was man später Musikvideos nennen sollte. Und genau die kannte man natürlich schon vorher, die Szenen zu *Fool on the Hill* oder *Your Mother should know,* und es ist ja auch wirklich ganz lustig, wie sie da in weißen Smokings die Showtreppe heruntertanzen, aber vor allem ist man doch froh, dass damit der Schluss des Films unmittelbar bevorsteht.

Um eine komplette LP zusammenzubekommen, kombinierte man die Songs des Films mit Singles und B-Seiten, aber *Hello Goodbye, Penny Lane* oder *I Am the Walrus* verbinde ich zu sehr mit dem *Blauen Album,* um die LP zum Film als eigenes Werk wahrzunehmen. Immerhin: *Baby You're a Rich Man* fand ich damals schon gut, und Georges *Blue Jay Way* hat mit der Zeit gewonnen, finde ich.

Während ich das hier schreibe, gibt sich der Sommer richtig Mühe. Umso absurder ist es, dass ich jetzt eine Platte hervorhole, die ich mit Winter, ja sogar mit Weihnachten verbinde. Kennen Sie das, dass man Musik mit der Jahreszeit verbindet, in der man sie zum ersten Mal gehört hat? Für mich ist das *Weiße Album* eine Winterplatte, und das nicht nur, weil sie schneefarben ist. Weihnachten 1980 muss es gewesen sein, als ich mir das Doppelalbum von meinen Eltern habe schenken lassen. Ich weiß noch, dass ich es am ersten Feiertag frühmorgens auf meiner Schneider-Kompaktanlage gehört habe, über Kopfhörer, weil meine Eltern noch schliefen. Heute würde ich sagen, *Dear Prudence* oder *Sexy Sadie* atmen die Hitze des indischen Sommers, weil sie ein wenig schwül und schleppend daherkommen (und weil man weiß, dass sie direkt mit dem Aufenthalt der Beatles beim Maharishi zu tun haben), aber jahrzehntelang waren sie für mich verbunden mit den kahlen Ästen des Baumes, der in Frühling und Sommer vor meinem Fenster einen heroischen

Kampf gegen das CO_2 und den Feinstaub der auf der Alleestraße auf vier Spuren vorbeidonnernden Autos kämpfte.

Auf den Tag genau achtunddreißig Jahre später, am Heiligen Abend 2018, bekam ich das *Weiße Album* von meiner Frau noch einmal geschenkt. Sehr schnell war ich wieder vierzehn. Das Poster und die Fotos von John, Paul, George und Ringo von meinem alten Album sind verloren gegangen, und ich frage mich mal wieder, wie das nur passieren kann, wieso verschwinden diese Dinge so einfach, obwohl sie mir doch so wichtig waren und sind?

Am ersten Weihnachtstag spielte ich mit dem Gedanken, mir bei E-Bay eine alte Schneider-Kompaktanlage zuzulegen, aber das wäre dann wohl doch des Guten, Alten, Nostalgischen zu viel gewesen.

Nach wie vor sind es die Lennon-Songs, die mich am meisten mitnehmen. *I'm so Tired* und *Cry Baby Cry* vor allem. Letzteres, weil ich es einigermaßen mitsingen konnte, da es nie so weit hochgeht. Und wieder der schiere Klang der Wörter: *The Dutchess of Kirkcaldy always smiling and arriving late for tea.*

Auch bei *Julia* war ich beim Mitsingen in völligem Einklang mit John Lennon, das fiel einmal sogar meiner Mutter auf: »Das hört sich ja an, als würdet ihr zusammen hier im Zimmer sitzen!«

Paul erwies ich meine Referenz, indem ich den Anfang von *Rocky Racoon* perfekt mitsprechen konnte, das Solo von *While My Guitar* war mein Meisterstück auf der Luftgitarre. Ringo kam ein bisschen kurz, aber natürlich hatte ich *Good Night* drauf, das er ganz am Ende singt. Habe ich später auch mal meinen Kindern zum Einschlafen vorgesungen, aber die mochten *La-Le-Lu* lieber.

Zu den vielen unnützen, aber interessanten Informationen, die mir heute zugänglich sind, gehört die, Paul habe *Why Don't We Do It In The Road* geschrieben, nachdem er in Indien zwei auf der Straße kopulierende Affen gesehen hatte.

Und weil ich jetzt erwachsen und reif bin, höre ich dann doch zum ersten Mal *Revolution 9* komplett durch und bedaure fast, so gar keinen Bezug zu Drogen zu haben. Es ist nicht so, dass ich es mir nachts auf der Autobahn im Wagen anhören würde, aber es hat dann doch was, und wenn auch nur als Ausdruck einer Zeit, in der fast alles möglich war und man so vieles zum ersten Mal machen konnte, wie eben eine durchgeknallte Klangcollage auf das neue Album der erfolgreichsten Band des Planeten zu packen. Acht Minuten und zweiundzwanzig Sekunden dauert das Stück, und es bleibt die Frage, wieso John Lennon das Ding nicht auf neun Minuten gebracht hat, bei seinem obsessiven Verhältnis zu dieser Zahl. Und noch eines wird deutlich: Der Übergang von diesem Klangexperiment zum sanften, ohrschmeichelnden *Good Night* ist besonders wirkungsvoll.

Im Juli 1968 war der Zeichentrickfilm *Yellow Submarine* in die Kinos gekommen, während das zugehörige Album ein halbes Jahr später, und damit nur zwei Monate nach dem *Weißen Album,* in die Läden kam. Ruinös, würde man heute sagen. Die vier bringen dort Songs unter, die offenbar liegen geblieben waren, Paul macht mal wieder ein Kinderlied, diesmal mit Abzählreim und Farben, George langt zweimal zu, und zwar mit Songs, die musikalisch mehr ins psychedelische 1967 gepasst hätten. Einzig Lennon liefert mit *Hey Bulldog* eine Nummer ab, die gut aufs Weiße gepasst hätte. Die B-Seite enthielt George Martins Musik für den Film, und wie das mit dem Score so ist, er wirkt nicht wirklich ohne die Bilder.

In der Rückschau wird deutlich: Das Ende ist nah,

die Geschichte ist bald zu Ende erzählt, die Beatles haben noch etwas mehr als ein Jahr zu leben.

AUS DEM KELLER V: UND AM ENDE …

Nach dem *Weißen Album* stellt sich die Frage: Höre ich die letzten beiden Alben der Beatles in der Reihenfolge, in der sie aufgenommen oder in der sie veröffentlicht wurden? Ich will aber das Spezialistentum nicht zu weit treiben und lege zuerst *Abbey Road* auf, doch während die Nadel über der Rille schwebt, ändere ich meine Meinung. Es ist viel frappierender und für die Entwicklung des Zusammenwirkens dieser vier so unterschiedlichen Typen viel bezeichnender, dass sie sich nach dem ganzen Stress, den die Aufnahmen für den Film und das Album *Let It Be* mit sich gebracht hatten, noch einmal aufraffen konnten, in wenigen Wochen und nachdem sie sich mehrfach fast getrennt hätten, ein solches Glanzstück wie *Abbey Road* rauszuhauen, und wenn das hier eine Reise ist, dann soll sie schön enden.

Ich höre mich durch *Let It Be,* den Versuch, wieder so zu klingen wie zu Beginn ihrer Karriere, zum Beispiel mit *One After 909.* Auf dem Cover sind vier

Einzelporträts, als hätten sie schon nichts mehr miteinander zu tun. *Across the Universe, Let It Be* und *The Long And Winding Road* sind für die Ewigkeit. Kenner hören wohl lieber die Naked-Version, weil all die Streicher und Overdubs so nicht geplant gewesen waren, die sie sich mit dem wahnsinnigen Phil Spector eingehandelt hatten, aber was soll ich machen, ich bin mit dieser Version hier groß geworden, da komme ich nicht von los.

Die Bänder wurden also erst mal weggeschlossen, und dann rief Paul an und sagte, los kommt, wir machen noch mal was Großes. Knapp zwei Monate dauern die Aufnahmen für Abby Road (nur), und vor allem Georges Meisterstücke *Something* und *Here Comes the Sun* machen klar: So hätten die Beatles in den Siebzigern geklungen.

Während ich mich durch die symphonische zweite Seite höre, in superbem Sound, denke ich: Eigentlich war diese ganze Rückbesinnung auf die Anfänge ein Irrweg. DAS hier sind die Beatles, vorwärts immer, rückwärts nimmer. John Lennon soll mal gesagt haben, was die Sechziger zu den Sechzigern gemacht habe, habe die Beatles zu den Beatles gemacht. Und sie seien nur die im Ausguck gewesen, die gerufen hätten, dass Land in Sicht sei. Der Mann im Ausguck hat den Blick immer nach vorne gerichtet, er weiß ja, wo er herkommt, aber er weiß nicht, wo das alles hinführt, jedenfalls, wenn man in Richtung neuer Welten unterwegs ist.

Das Kinderlied kommt mit *Octopus's Garden* diesmal von Ringo und wurde später durch eine Verwendung in der Muppet Show geadelt. *Because* ist nicht nur eine der schönsten Melodien von John Lennon, sondern textlich fast Yoko Ono pur. Himmel und Wind, und die Welt ist rund. *Sun King* ist wie kaum eine andere Beatles-Nummer schamlos geklaut, von Fleetwood Macs *Albatross*. *Mean Mr. Mustard* und *Polythene Pam* sind eigentlich nur Fragmente, so wie auch *You Never Give Me Your Money* aus einzelnen, nicht vollendeten Stücken von Paul besteht, und wenn man böse ist, kann man sagen, sie haben kurz vor Feierabend noch mal durchgefegt und alles aufgehoben, was so auf dem Boden lag, bevor die Party endgültig zu Ende war. Aber was bei den Beatles auf dem Boden lag, wäre bei anderen der einsame Höhepunkt einer ganzen Karriere gewesen.

KEIN VISUM NÖTIG

Ich habe also jetzt die regulären Studioalben der Beatles chronologisch durchgehört, teilweise doppelt, weil ich auch im Auto, auf dem Weg zu Lesungen, noch nicht genug hatte. Dabei sind mir allerdings die Songs entgangen, die sie nicht auf Alben herausgebracht haben, also kommt jetzt die Compilation *Rarities* dran, zum Beispiel mit den schwer erträglichen deutschen Versionen *Sie liebt dich* und *Komm, gib mir Deine Hand.* Und *Rock 'n' Roll Music,* wo etwa *Bad Boy* drauf ist. In dem Bedürfnis, dem Leben eine Struktur zu geben, die es von sich aus oft verweigert, muss ich am Ende dieses Selbstversuches natürlich wieder am Anfang ankommen, also beim *Roten* und beim *Blauen Album.*

Bei *Don't Let Me Down* fällt mir wieder ein, wie ich mal meinen Geburtstag mit Freunden bei meiner Omma im Rathaus gefeiert habe, die dort mit meinem Oppa eine Dienstwohnung bewohnte. Nebenan war früher die Wohnung des städtischen Elektrikers gewesen; jetzt, 1981, waren da Büros. Wir konnten Krach machen, ohne jemanden zu stören. Ich hatte meine Schneider-Kompaktanlage aufgebaut, und wir grölten wie die Wahnsinnigen *Don't Let Me Down,* spielten irgendwann aber auch Fußball in dem langen Gang, der früher der Korridor der Elektrikerwohnung gewesen war, und ich glaube, es war etwa bei der vierten Wiederholung des Lennon-Songs, dass ebenjener Jörg K., der mir zwei Jahre zuvor *Sergeant Pepper's* auf Kassette überspielt hatte, mit seinem Hintern in die Milchglasscheibe einer Verbindungstür am Ende des Korridors krachte.

Während *The Ballad of John & Yoko* muss ich daran denken, dass ich meine, vor langer Zeit irgendwo gelesen zu haben, John und Paul hätten 1969 festgestellt, dass sie praktisch pleite waren, weil sie nur noch 5000 Pfund auf dem Konto hatten. Deshalb hätten sie die Single schnell ganz alleine eingespielt. Ich dachte damals: Klar, das sind Lennon und McCartney, und auch wenn sie sich damals schon ziemlich oft in der Wolle hatten, haben sie mal eben schnell so eine Nummer rausgehauen. Außerdem dachte ich: Pleite? Die Beatles? Im Ernst?

Während des Hörens versuche ich mir die Frage zu beantworten, die in den letzten Wochen einige Male an mich herangetragen wurde: Wieso eigentlich die Beatles? Was genau findest du an denen so gut?

Mit dreizehn, vierzehn, fünfzehn fragt man sich so etwas nicht. Man sucht nicht nach Begründungen für etwas, das so existenziell und logisch ist, dass man nicht darüber nachdenken muss. Wieso atmest du? Äh, um nicht zu sterben?

Mit Anfang fünfzig, nachdem man Vater von zwei Söhnen geworden ist, die manchmal gucken, als suchten sie einem jetzt schon ein Altersheim in Kasachstan aus, stellt man die Frage nach dem Warum durchaus öfter.

Zum einen könnte man sagen: Ist doch einfach tolle Musik, aber das wäre zu billig. Ich glaube heute, dass die Beatles mir ermöglichten, mich gerade so weit von meinen Eltern und meiner Herkunft zu entfernen, wie ich es aushielt. Ich war nie der Rebell, ich wollte immer nur im Mittelpunkt stehen – The Einzelkind Disease. Der französische Schriftsteller David Foenkinos lässt in seinem Roman *Lennon* den bei einem Psychoanalytiker auf der Couch liegenden John sagen: »Wir verkörperten eine Art kontrollierten Wahnsinn. Eine sanfte Revolution. Wir waren rebellisch und anständig zugleich.« Diese Mischung war es wohl, die mich, wie man heute sagt, abgeholt hat.

Der Melodienreichtum der Beatles kam meinem Harmoniebedürfnis entgegen, das Englische und die elektrischen Gitarren, das Psychedelische, nach innen Reisende sowie das Weltläufige der auf dem ganzen Planeten sich herumtreibenden vier, erlaubten mir, eine Grenze zu meiner Herkunft zu ziehen, die aber in beide Richtungen durchlässig war, kein Visum nötig, relax and float downstream. Dass sie auch noch unbestritten die Größten waren, an deren Erfolge, vor allem aber an deren Bedeutung für so ziemlich jeden Musiker und jede Musikerin nach ihnen niemand herankam, mögen meinem pubertären Bedürfnis nach Superlativen entgegengekommen sein. Andere Kinder werden aus dem gleichen Grunde Fans des FC Bayern und gehen der Welt verloren.

Mein spezielles Verhältnis zu John Lennon hatte, wie schon erwähnt, mit dem fehlenden großen Bruder zu tun, den ich gern gehabt hätte, damit er die bösen Jungs auf dem Schulhof verdrischt, so wie es der Bruder von meinem Kumpel Ändi gemacht hat. John hat all die Dinge getan, zu denen ich zu feige war. Ich habe Radikalität oft bewundert, hatte aber selber nur selten den Mut dazu.

Das Zweitbeste, was die Beatles gemacht haben,

war, sich zu trennen. Das Beste, dass sie sich nie wieder zusammengetan haben. Was nach dem 8. Dezember 1980 auch nicht mehr möglich war, okay. Wir müssen uns zum Glück nicht vorstellen, wie es wäre, wenn ausgerechnet die Beatles allerlei mediokre Platten abgeliefert hätten, in den Achtzigern zu Karikaturen geworden und in den Nullerjahren auf diverse Abschiedstourneen gegangen wären. Der Mythos ist intakt. Er wird bisweilen kommerzialisiert und trivialisiert, aber selbst wenn sie irgendwann anfangen, Sergeant-Pepper's-Actionfiguren zu verkaufen (oder gibt es die schon?) oder Liverpool zu einem riesigen Beatles-Themenpark umzubauen oder Avatare auf Tournee zu schicken, wird es nichts an dem ändern, was passiert, wenn du mit dieser Musik allein bist und dich ihr wirklich auslieferst. Am besten, das weiß mittlerweile auch ich, auf Vinyl, in einer vernünftigen 180-Gramm-Pressung.

Als offizieller Trennungstermin gilt der 10. April 1970. Paul McCartney hatte eine Art Interview mit sich selbst veröffentlicht, um seine erste Solo-Platte *McCartney* anzukündigen. Peter Brown, der für Apple Corps arbeitete, hatte eine Reihe von Fragen aufgeschrieben, die Paul beantwortete. Die entscheidende

Frage war: Planst du ein neues Album oder eine neue Single mit den Beatles? Die lapidare Antwort: Nein. Ob die Trennung vorübergehend oder endgültig sei? Er wisse es nicht.

Für alle Freundinnen und Freunde der Number-Nine-Mythologie: Wenn es am 10. April in der Daily Mail stand, muss das Interview am Tag vorher, also am neunten, rausgegangen sein, oder? Was aber war der zehnte für ein Tag? Der Todestag von Stuart Sutcliffe! Und ihr wollt ernsthaft behaupten, es sei Zufall, dass sie kurz nach meiner Geburt nur zwanzig Kilometer von mir entfernt gleichsam *erschienen* sind und kurz danach aufgehört haben, Konzerte zu geben?

Und wo wir gerade das Thema *Interessante Bezüge – Zufall oder Schicksal* sowieso noch mal streifen: Als mein älterer Sohn im Juli 2019 das Zeugnis der Allgemeinen Hochschulreife von seiner Lehranstalt überreicht bekam, sang der Schulchor bei der Entlassfeier ein Beatles-Medley, und abends tanzte die ganze Stufe mit Eltern und Angehörigen in den neunundsiebzigsten Geburtstag von Ringo hinein. Na gut, sie nannten es Abi Ball, und fast niemand wusste von dem Geburtstag – aber Letzteres konnte ich im Laufe des Abends bei einigen ändern.

Die schwarze Plattenteller-Auflage schimmert durch das blaue Vinyl. Der durchgeschnittene Apfel dreht sich um den silbernen Pinn beziehungsweise mit ihm. Die letzte Nummer ist *The Long And Winding Road,* mit allen Schikanen, mit Streichern und Chören, der Sound ist leicht verzerrt. Vielleicht zu oft gehört. Aber zu oft geht ja gar nicht.

»Gib mir kein Geld, gib mir lieber ein paar Platten für meinen Jungen.« Das ist jetzt genau vierzig Jahre her. Irgendwann werde ich mal richtig zu Ende denken, was in dem Satz so alles drinsteckt.

MIX
Papier aus verantwortungsvollen Quellen
FSC® C083411
FSC
www.fsc.org

Verlag Kiepenheuer & Witsch, FSC® N001512

1. Auflage 2020

Covergestaltung FAVORITBÜRO, München
Gesetzt aus der Calluna und der Acre Bold
Satz Buch-Werkstatt GmbH, Bad Aibling
Druck & Bindung CPI books GmbH, Leck
ISBN 978-3-462-05406-4

Dass Frank Goosen Beatles-Fan wurde, hängt mit Schwarzarbeit zusammen. Mit den Worten »Gib mir kein Geld, gib mir lieber ein paar Platten für meinen Jungen!« ließ Goosen Senior sich Ende der Siebziger von einem Elektrohändler für ein paar nach Feierabend angeschlossene Steckdosen bezahlen: mit Beatles-Scheiben. Damit war es um den Dreizehnjährigen geschehen. In diesem Buch spürt Goosen seiner lebenslangen Obsession für die »Fab Four« nach: kenntnisreich, berührend-persönlich und irre witzig!

Frank Goosen ist Autor von so erfolgreichen Büchern wie »Kein Wunder«, »Sommerfest« und »Liegen lernen«. Mit seinen Soloprogrammen ist er deutschlandweit unterwegs. Er lebt mit seiner Frau und seinen beiden Söhnen in Bochum.

Das Hörbuch erscheint bei tacheles! Roof Music.